AVANT L'APOGÉE

La vérité sur le Père et la Famille Du Favori de Louis XVIII Et la jeunesse du duc Decazes

BORDEAUX :
Feret et fils
15, Cours de l'Intendance.

PARIS :
Libraires associés
13, rue de Buci.

CHEZ TOUS LES LIBRAIRES

A **Paris** chez **M. Emile Paul**, libraire, 100, faubourg St-Honoré, à **Agen**, au bureau du «**Mercure Héraldique**».
L'Encyclopédie Universelle, illustrée de biographie et d'histoire, éditeur. En vente dans ses bureaux, 3, rue Gⁱ Henrion Bertier à Neuilly(Seine).
Imprimé 1901

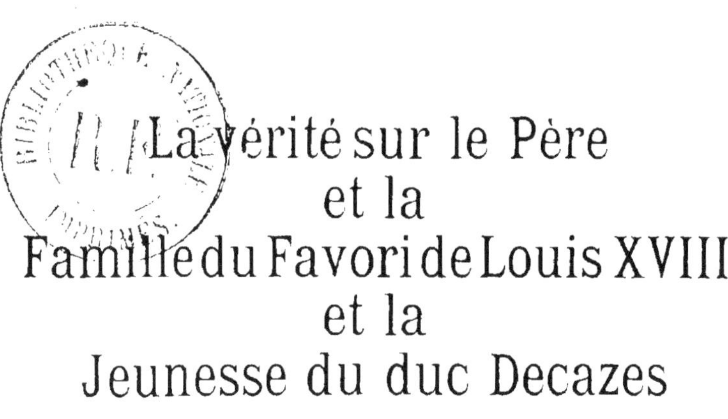

La vérité sur le Père
et la
Famille du Favori de Louis XVIII
et la
Jeunesse du duc Decazes

AVERTISSEMENT

Ce travail est une page d'histoire, nouvelle, puisque rien n'avait encore été fait sur le même sujet. — L'appeler une étude historique, c'est dire que nous l'avons écrit exact et d'une impartialité absolue. (Autrement rédigé, un écrit n'a rien de commun avec l'histoire).

Il se compose de faits avérés et absolument prouvés, de traditions bien toujours données comme telles, avec l'exposé du pour et du contre et l'indication de ce qui est probablement la vérité, ou de ce qui semble l'être ; en donnant alors les preuves et les mobiles de la conclusion. Ce travail donne donc tout ce que l'on peut désirer sur la famille du duc Decazes, tant décriée par les ennemis politiques du grand ministre de Louis XVIII.

Neuilly-sur-Seine, septembre octobre 1900

(pour la rédaction)

Les volumes qui feront suite à cet ouvrage s'appelleront :

Avant l'apogée

LA JEUNESSE DU DUC DECAZES

Après l'apogée

MADAME PRINCETEAU SŒUR DU DUC DECAZES, AUPRÈS DE SON FRÈRE SOUS LOUIS XVIII

Après l'apogée

LE FAVORI DE LOUIS XVIII AU GIBEAU

Après l'apogée

LE DUC DECAZES AU MINISTÈRE

D'après les papiers secrets de l'Intérieur emportés sur l'ordre de Decazes, lors de sa chute, par son cousin germain confident, secrétaire particulier le baron Trigant de Latour.

INTRODUCTION

Ce travail prend, les unes après les autres, toutes les imputations que la politique a dirigées contre les Decazes, et en prouve d'une façon complète et absolue, soit la vérité, soit la fausseté, selon ce qui est. Le duc, ainsi que sa sœur Mme Princeteau et leurs descendants, devant faire l'objet d'études ultérieures.

Les calomnies ou les faits qui ont été énoncés, et dont nous nous occuperons, sont relatifs au père du duc et à l'origine prétendue, très petite de sa famille.

Nous donnerons une biographie complète et parfaitement détaillée : la vie intime et privée comme la carrière et l'existence politique du père du duc, et tout ce qui le concerne. C'est là même le but particulier de cet écrit : conserver à l'avenir toute cette vie de Michel Decazes, père du duc et sur lequel il n'existe aucun écrit, même pas un simple article. Après la vie du père du duc, nous dirons celle de sa mère.

Enfin, en dernier lieu, ce travail montrera ce qu'é aient les Decazes, au moyen de très brèves notices présentant clairement la vie de chacun des grands parents, oncles, tantes, cousins germains du Père du duc et de ses ascendants en ligne directe de père à fils.

Cet ouvrage, comme en un tableau vivant, présente la famille entière du ministre avant le jour où il sera devenu célèbre.

Le lecteur ayant ainsi sous les yeux toute la

vérité aura son opinion faite à la fin de cette lec-
ture.

La déduction qui alors ressortira de ce travai
sera, puisqu'il est complet et qu'il exprime la vérité entière, le prononcé du verdict définitif sur la
matière : le jugement de l'histoire.

L'AUTEUR,

PRINCIPALES DIVISIONS DE L'OUVRAGE

Vie du père du duc
avant l'apogée.

———

Vie du père du duc
sous l'apogée.
Suivie de : la mère du duc Decazes.

———

Les grands parents, les oncles et tantes,
les cousins germains paternels
et maternels du duc Decazes.

———

Notice sur chacun des ascendants
paternels et maternels du duc Decazes
suivie de : ancienneté et annoblissement
des Decazes

———

Origine de la famille maternelle
du duc.

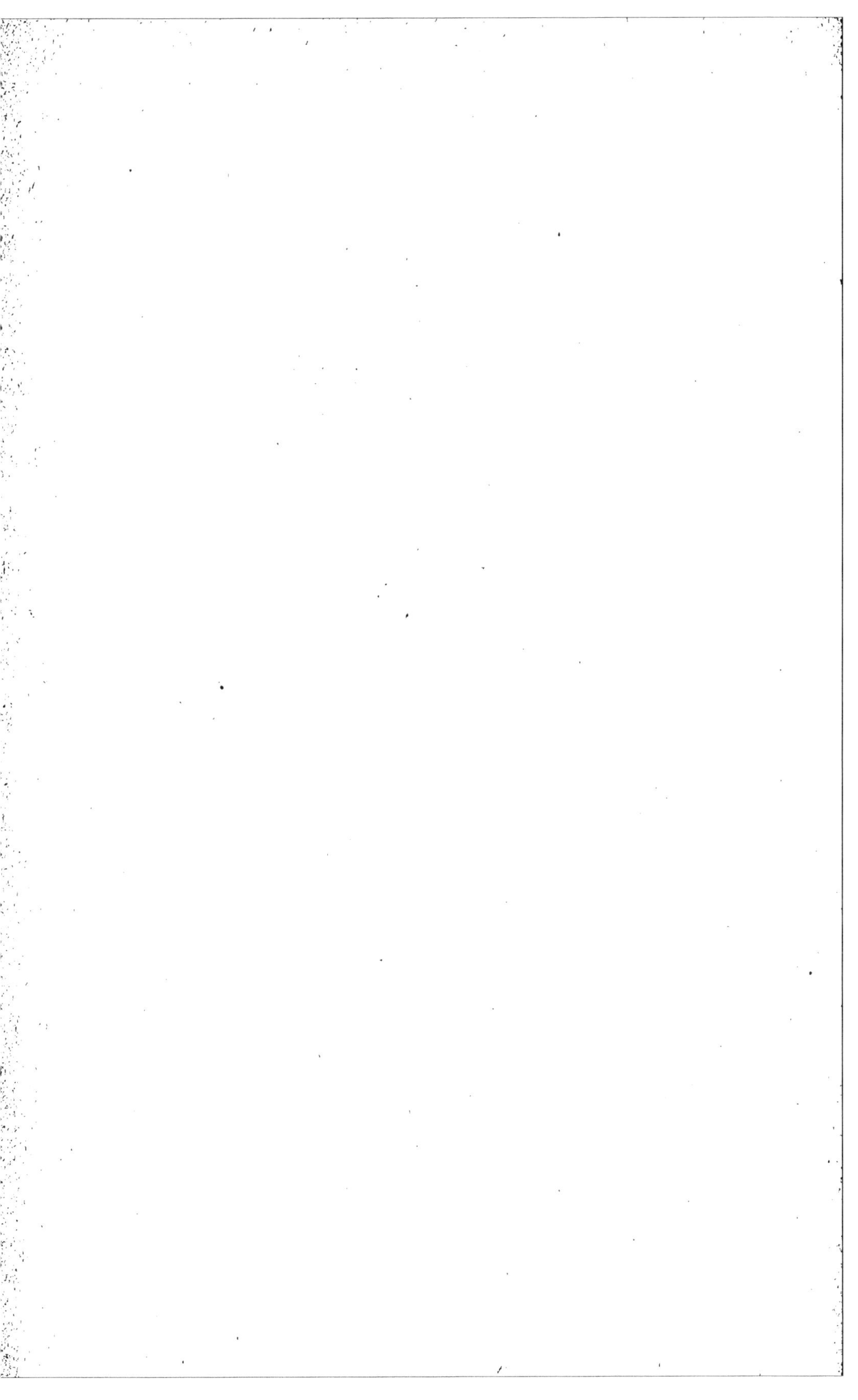

LE PÈRE DU DUC DECAZES

La Calomnie contre le père du favori
de Louis XVIII
Ce que l'on peut croire

Le duc Decazes

« Fils d'un procureur de Libourne dit »
« par sobriqué (sic) le coquin ; employé »
« en sous ordre dans les terres du maréchal »
« de Richelieu. »

(Tout ce qu'il y a, sur le père du duc, dans
une Note publiée par l'Intermédiaire des cher-
cheurs qui viendraient des papiers du baron
de Vitrolles.)

Michel Decazes, père du favori de Louis XVIII est appelé : *Michel Decazes sieur de Monlabert* par Pol Potier de Courcy dans sa continuation du père Anselme : Les grands conseillers de la Couronne.

M. Pol Potier de Courcy a fait erreur selon nous et a confondu, Michel Decazes père du duc, avec un de ses cousins germains qui portait aussi le prénom de Michel et était en effet sieur de Monlabert. (1)

Nous avons trois points principaux à expliquer, à eux se rattache toute la vie de Michel Decazes.

Ce que nous allons élucider est :

— La carrière du père du duc (dans la magistrature)

— le sobriquet

— Les terres du maréchal de Richelieu.

Tout cela comprendra l'étude complète de ce que fut le père du duc, non seulement comme homme public, mais encore dans toute sa vie privée depuis sa naissance. La vie de la mére du duc s'y rattache aussi comme la jeunesse de celui qui devait être si

---

(1) Michel Joseph Decazes sieur de Montlabert est mort le 7 février 1791, il était le dernier enfant de Jean Joseph Decazes, ce dernier était frère de François Decazes, lequel François fut le père de Michel Decazes dont nous nous occupons. Jean Joseph Decazes né le 4 mars 1699 est mort en 1776 avocat du roi et au Parlement de Bordeaux — Jurat de Libourne en 1742 et 1743 acquit l'office de lieutenant général civil au présidial de cette ville dans lequel il fut installé en mai 1758 et le garda jusqu'à son décès — réélu en 1765 jurat de Libourne, il fut maire de cette ville de 1766 à 1767 — Le 20 mars 1726 il avait épousé : Elisabeth Viaud fille de Jean Viaud et de Jeanne Dureau. Ils eurent trois enfants.

La famille Viaud appartient à l'ancienne haute bourgeoisie de Coutras et a été protestante.

Les Dureau, en Saintonge, catholiques, de la haute bourgeoisie Jean Joseph Decazes était (fils d'autre Jean Joseph lequel était le grand père de Michel Decazes père du duc; on trouvera plus loin ce qui concerne ce Jean Joseph.

célèbre sous le règne de Louis XVIII.

Aprés avoir épuisé ces sujets nous parlerons de la famille et des ascendants du duc, montrant ce qu'ils étaient afin d'éclairer l'opinion quant aux reproches relatifs à son origine, faits en politique au ministre de Louis XVIII.

Emploi en sous ordre sur les terres
du maréchal de Richelieu

Il ne paraît pas que le père du ministre de Louis XVIII ait jamais été employé, en sous ordre ni d'aucune façon, sur les terres du maréchal de Richelieu.

Les Richelieu étaient ducs de Fronsac, il y a lieu de croire qu'avant la Révolution, Michel Decazes avait des biens dans le duché, pour lesquels il était vassal du duc de Richelieu.

Si cela est, a-t-il rempli quelques fonctions dans l'administration du duché de Fronsac ?

Cela paraît impossible à moins que ce ne soit un service occasionnel rendu au duc de Fronsac, car la carrière de Michel Decazes dans la magistrature ne lui aurait pas laissé le temps d'occuper ainsi une autre situation, et de plus cela eut été dans l'esprit public, totalement incompatible avec ses fontions de magistrat.

Le sobriquet

et

Traits sur M. Michel Decazes. Une anecdocte spéciale à la mère du duc née Trigant

Decazes venant de Malſaire (Malfard)
Passant p⅋ la Grève (la Grave)
Se rendant au Gibet (Cibeau)
Non loin de Serre cou (Cercoux)

Le père du duc Decazes, Michel Decazes, quoi qu'ayant une certaine fortune, était si avare qu'il ne pouvait se décider à payer ses créanciers ou fournisseurs de toute nature ; à solder quelque note même les plus minimes.

Aussi était-il continuellement en chicane avec tous ceux à qui il devait, qu'il les employat, ou se servit chez eux ; si bien que fréquemment on l'assignait en justice de paix.

Il est certain aussi que M. Michel Decazes prêta toute sa vie des fonds à des taux élevés. Le paysan estime celui dont l'économie est poussée jusqu'à l'avarice exagérée, il le trouve très habile.

Dans la note de l'intermédiaire, ce mot "lou coquino" qui est dit avoir été donné en surnom à M. Michel Decazes, ne semblerait que traduire ce sentiment d'admiration du paysan, pour les procédés d'avarice.

Dans les habiletés déployées pour le gain, le paysan voit simplement une très intelligente administration de propriétés, *de biens*, pour employer une expression qui lui est chère.

Il n'est resté dans le pays, aucun souvenir de cette appellation, si jamais elle a été appliquée à M. Michel Decazes.

Elle ne saurait être en tous les cas qu'une approbation des paysans, venant du sentiment que nous avons relaté plus haut, car *lou coquino* dans le patois du pays veut dire *le fin*.

Cependant les racontars qui ont circulé relativement à la manière d'opérer de M. Michel Decazes, quant à la question argent, sont si excessifs, qu'il paraît impossible que de pareils agissements ne soient pas une invention, et aient été l'objet d'un semblant d'approbation

Tout le pays voulait citer des traits nouveaux inventés par l'avarice de M. Michel Decazes, chacun s'en mêlait, on en fit des traditions qui restèrent, et M. Michel Decazes aurait eu une réputation déplorable de mauvais payeur.

Michel Decazes habitait principalement la petite maison bourgeoise de son grand domaine de Malfard, ou plus tard la famille Beylot, descendante de Thomas Decazes, frère de Michel, éleva le château de Malfard actuel, commune de St-Martin du Laye (1)

La maison de Michel Decazes existe encore aujourd'hui sous ce nom de vieux Malfard.

C'est là que naquit le duc.

M. Decazes habitait aussi Libourne, puis ce fut à la Grave à quatre kilomètres de Malfard, enfin au Gibeau, et alors on disait en parlant de lui et de sa femme: les vieux Decazes.

De ses diverses propriétés pour aller au Gibeau, Michel Decazes devait traverser le village de Cercoux (2) Charente-Inférieure.

Tous les bruits que l'on mettait en circulation sur son compte, firent faire sur lui ce jeu de mot horrible:

(1) Malfard est a 3 kilomètres de Guîtres à 4 de la Grave.

(2) Cercoux est à 13 kilomètres de Guîtres, à 9 kilomètres du Gibeau, à 15 de Montlieu, à 12 de Montguyon, à 18 de la Grave, à 18 de Malfard, à 14 de Coutras, à 23 de Libourne, à 20 de la Roche-Chalais, à 9 du Maransin. du Lary 3 Kilomètres 1|2. de la Rochs-Chalais Montguyon 15 kilomètres.

> Decazes venant de Malfaire, (Malfard)
> Passant par la grève (la Grave)
> Se rendant au gibet (Gibeau)
> Non loin de Serre-Cou (Cercoux).

Voici les anecdotes qui semblent exagérées : on raconte que lorsque quelque ouvrier allait demander à M. Michel Decazes le salaire de son travail, ou réclamer le prix d'un achat, celui-ci le faisait asseoir et rafraîchir, puis lui disait. — Nous sommes quittes maintenant, l'usure de mes fauteuils, mon verre de vin et l'honneur que je t'ai fait valent ce que je te dois... Va-t-en.

Madame Decazes, après, nettoyait les housses (on ne battait pas les fauteuils, de peur de les abîmer), regardait si le fauteuil n'était pas brisé.

Une autre fois, un épicier l'assigna, en justice de paix, en paiement d'une forte quantité d'oranges prises chez lui pour un diner de gala.

Cet honorable commerçant était presque illettré, et écrivit des horengs pour des oranges, en formant mal l'o, ce qui faisait bien des harengs. M. Decazes soutint qu'il n'aurait jamais régalé ses invités avec des harengs, l'épicier eut beau crier que c'était des oranges; M. Decazes répliquait toujours : vous écrivez harengs et je ne vous dois rien. L'épicier perdit et Michel Decazes ne fut pas obligé de payer.

Donc le père du duc aurait été avare, chicaneur, cela l'aurait fait haïr, il n'était ni bon ni droit, c'était un triste homme, ajoute t-on.

Tout cela pour dire sans doute qu'il avait beaucoup de défauts et rien de plus.

S'il ne s'agit que d'avarice, l'âme sensible du duc Decazes donnait, donnait toujours lorsqu'il s'agissait de choses de cœur ; à cette noble générosité, sa fortune allait s'évanouissant, le vieux père inquiet voulait retenir tout ce qu'il pouvait de la sienne : si déjà auparavant il était ambitieux de l'augmenter, on comprend ses efforts. Quant aux procédés que l'on rapporte, ils paraissent tout au moins avoir été exagérés.

Si aujourd'hui la corruption paraît n'être point nicompatible avec l'estime et les honneurs publics, en était-il de même alors ? Nous ne le croyons pas beaucoup........

Michel Decazes pouvait donc avoir de grands défauts de caractère, mais il nous parait difficile qu'il y ait quelque chose d'illicite, dans les agissements de cet homme qui fut un magistrat important dans sa contrée, et investi de fonctions électives, ce qui prouve qu'il avait l'estime de ses concitoyens.

Il comptait dans la bourgeoisie, et passait pour l'homme le plus influent du Libournais.

Madame Decazes née Trigant de Latour avait pris

les habitudes de son mari ; un jour, à la Grave, (il y avait eu réception la veille), Mme Decazes née Trigant, devant plusieurs personnes restées là, arrangeait les fauteuils dans le salon, bousculant tous les meubles et disant en colère au milieu du désordre au duc Elie : Paye, mon fils !.., Paye... ruine toi... pour recevoir les gens.

Madame Michel Decazes ne fut jamais plus satisfaite des fréquentes réceptions que donnait le grand teférendaire, qui, trop généreux, de cœur pour être avare aimait à faire plaisir, et dépensait pour cela, pour les entreprises utiles, au pays, à tous, ou par amour de l'art plus qu'il ne pouvait.

C'était vrai qu'il se ruinait ce cœur généreux..... personne autour de lui ne comprenait sa grandeur, parce que personne n'atteignait même au commencement de ses sentiments et de son haut caractère.

DEUXIÉME PARTIE

DEUXIÈME PARTIE

La carrière du père du duc
et sa vie tout entière

Michel Decazes est né à Libourne le 20 février
1747, de François (1) Decazes, notaire royal,
procureur au présidial de Libourne et jurat de cette

(1) Ce François Decazes ava·tété avec l'un de ses frères Jean

ville, et de Marie Catherine du Périeu (alias Duperrieu).

Michel Decazes fut reçu avocat au Parlement de
Bordeaux.

Il exerça au présidial de Libourne.

Il devint le 8 avril 1777, conseiller du roi, lieutenant
particulier au Présidial de la même ville, en remplace-
ment de son oncle Jean Joseph Decazes, (3) et procu-

Joseph, jurat de Libourne, et Pierre Trigant, sieur du Petit Fort,
avocat ci-devant jurat et prud'homme, le 14 décembre 1741, l'un
de ceux qui, dans une assemblée, parlèrent et votèrent pour la
remise de la direction du collège de Libourne aux mains des Jé-
suites.

Ce Pierre Trigant du Petit fort aurait été élevè chez les Jé-
suites de Bordeaux, croyons-nous ; et il aurait eu pour camarade
l'illustre Montesquieu, lequel fut jusqu'à sa mort son ami et
était fils de Françoit Trigant. sieur du Petit Fort et de Marie du
Périeu.

François Decazes était fils de Jean Joseph de Cazes (fils de
François de Cazes procureur au présidial de Libourne, et de Jeanne Limouzin) Jean Joseph, conseiller au présidial de Libourne
de mai 1713 à l'an 1750, jurat de cette ville 1730-31, né le 2 octobre 1659 épousa le 20 septembre 1697, Marie Moreau fille de J. an
et de Marie Rouxguilhem (de Roux-Guilhem). — On ignore si
c'est la famille Mareau de Varège qui était noble — armorial
1696. La Rochelle — Claude Moreau : porte d'azur à une bande
d'argent chargee de trois molettes de gueules.

(2) Elle était sœur d'un conseiller à la cour des aydes de Guyenne.

Les Duperrieu. nobles et bourgeois de Guyenne. De nos jours,
M)le Duperrieu de Taste (la dernière de cette famille, croyons-
nous), épousa M. Ducros de Romefort.

(Armorial le 1693). — Laurent du Périeu, conseiller du roi, re-
ferendaire en la chancellerie près le Parlement de Bordeaux
porte d'or à un lion de gueules.

Raymond Duperrieu, bourgeois de Libourne eut Marie Duperrieu, née en 1668, mariée à Libourne le 24 février 1688 avec François Trigant sieur du Petit Fort. conseiller du roi, son procureur et syndic des habitants de Libourne.

(3) Nous avons donné ce qui concerne ce Jean Joseph a la
page 18, note 1.

reur du Roy en l'Amirauté (4) de Guyenne.

Il remplit cet office jusqu'en 1790 où le présidial fut dissous. (1)

Appelé cette année par les électeurs à siéger au nouveau tribunal, il refusa, ce qui était une imprudence à une époque aussi difficile.

Président du Comité des subsistances, on l'envoya à Paris, à la fin de 1794, pour obtenir la permission d'acheter des grains en Bretagne, pour la commune de Libourne.

Il fut élu, en 1800, son fils n'était encore rien et n'avait que vingt ans, conseiller général de la Gironde.

Lui et sa femme, habitaient alors à Libourne, où il était magistrat.

Ils vécurent souvent aussi à leurs domaines de Malfard et de la Grave.

Malfard commune de St-Martin de Laye, alors du

(4) Procureur du roi en l'Amirauté. — L'Amirauté était une juridiction où se plaidaient les procès ayant trait à la marine : le procureur était le mînistère public dans ces tribunaux

(1) On voit que nous sommes loin de la qualification de la note citée en tête de cet ouvrage où il était dit en parlant du duc Decazes : *fils d'un procureur*. Michel Decazes était lieutenant particulier du Présidial de Libourne, ce qui est une charge fort importante et très honorable. Et il avait en effet un titre de Procureur, mais ce n'est pas la charge très considérée de procureur au présidial ni devant toute autre justice que la note cite et à tort sur un ton de mépris, car elle était une des excellentes places que recherchaient les avocats capables, la bourgeoisie Michel Decazes était procureur du Roy en l'Amirauté de Guyenne ce qui était très honorifique plus encore même que celle du procureur du roi. La seule charge de procureur dont la noblesse affectait de rire est celle de procureur syndic des habitants d'une ville.

Laye, à trois kilomètres de Guitres et à quatre de la Grave, était à cette époque une petite maison bourgeoise de peu d'aspect, en briques rouges, flanquée de deux pavillons pigeonniers, mais le domaine était vaste.

Elie Decazes naquit dans cette habitation le 28 septembre 1780 ; on voit encore cette maison appelée au Vieux Malfard, non loin du château actuel construit par les Beylot, qui vinrent à Malfard de très bonne heure et après les Decazes.

Une nièce de Michel, fille de son frère Thomas Decazes et de Mademoiselle de Colmenil, épousa Methieu Beylot.

La Grave était aussi une maison bourgeoise entourée d'un vaste domaine, commune de Bonzac ; le duc Elie y fit élever le château actuel. La Grave fut sa résidence aimée et resta le berceau familial de sa race.

Ce n'est qu'à l'apogée que le père et la mère d'Elie Decazes vinrent au Gibaud, puisque ce domaine ne fut acheté qu'alors par le duc.

LE MARIAGE DU PÈRE DU DUC

CATHERINE TRIGANT, MÈRE DU DUC.

Deux ans après l'époque ou il devint lieutenant particulier du présidial de Libourne, Michel Decazes se maria le 1er janvier 1779, avec Catherine Trigant, (on verra plus loin sa famille) second enfant et aînée des filles de messire (1) Philippe Trigant, seigneur de Brau (2) avocat au parlement de Bordeaux, juge héréditaire de Guitres et de Margueritte de Gintrac, (3) cette dernière petite nièce de M. de Paty, gouverneur de Saint-Domingue.

Catherine Trigant est née à Guitres en décembre 1750, probablement au château de Maine Blanc qui était croyons-nous la résidence de ses parents. — Elle est morte au château de la Grave, à Bonzac (Gironde) commune de Saint-Denis-de-Piles, et a été inhumée au cimetière de Bonzac, dans la tombe de son mari où devait plus tard reposer l'illustre duc leur fils aîné.

---

(1) Messire, contrat de mariage de son fils aîné.

(2) Acte de notoriété délivré par le comte de Galard de Béarn dont on trouvera copie in-extenso plus loin et où il est dit propriétaire de Brau, seigneurie en fief noble.

(3) Par hérédité des Gintrac, ce qui tendrait à prouver que cette famille dont on ne trouve plus trace aujourd'hui n'avait plus que des filles.

(4) La famille de Gintrac a le droit le plus incontestable à la particule, elle ne lui est pas donnée dans beaucoup d'actes, mais l'est bien dans quelques-uns (d'ailleurs combien de famil-

Michel Decazes et Catherine Trigant eurent deux fils et deux filles, savoir :

1· Elie Decazes, duc Decazes et de Gluchsberg, né au château de Malfard à Saint-Martin du Laye (Gironde), le 24 septembre 1780 ;

2· Joseph Léonard comte Decazes de l'Isle (1) né le 4 juin 1783 à Libourne :

3· Marie Catherine, Madame Lacaze, née à Libourne en septembre 1779 ;

4· Marie Zélia, Madame Théodore Princeteau, née à Libourne le 5 avril 1787.

On a appelé le père du duc, le chevalier Decazes, c'est une nouvelle flatterie à l'adresse des Decazes,

---

les auxquelles on ne donnait pas la particule et qui l'avait, elle est alliée à beaucoup de noblesse, et peut elle même prendre rang soit dans la noblesse, soit dans la bourgeoisie considérable.

Armorial de 1696. — Guyenne, page 320, Sicaire Gintrac, juge de Guitres porte : échiqueté d'argent et de sable.

Marguerite de Gintrac, épouse de Philippe Trigant, était fille d'Elie-Joseph de Gintrac, avocat au Parlement qui testa en 1772, et de Marie-Catherine Dubois.

Sa sœur était mariée à Messire Léon de Leymarie de Bassignac, écuyer chevalier, elle fut l mère d'Elisabeth de Leymarie de Bassignac, mariée à son cousin germain Joseph général comte de Trigant de Beaumont, ancien officier de la marine royale, ancien lieutenant-colonel porte-enseigne des Gardes suisses de Monsieur, etc.

Madame veuve de Leymarie de Pleyssac, née Gintrac, vote par procuration à l'assemblée de la noblesse du Périgord en 1789 dans la catégorie des possédant fiefs noble ou dans celle des agissant pour leurs enfants.

(1) De l'Isle. — Les grandes familles de colons des Antilles françaises (Guadeloupe, Martinique principalement) rentrées en France, ajoutent quelquefois à leur nom « de l'Isle. »

elle vient de ce que quand Napoléon créa une noblesse, il decréta que les chevaliers de la Légion d'honneur pourraient prendre le titre de chevalier, mais il ne fut chevalier de la Légion d'honneur qu'en 1814, et le droit à prendre le titre de chevalier devient alors tout à fait contestable.

Au dos est écrit :

17 mai 1769. *Parchemin : (timbre), généralité de Bordeaux, vingt sols.*

Extrait du testament de la Dame Dubois, épouze de feu M. Gintrac.

N° 3

Du testament de demoizelle Marie-Catherine Dubois, épouse de Mr Me Elie-Jozeph Gintrac, avocat en la Cour, habitante de la parroisse de Bonzac (1) juridiction de Fronsac, du dix-sept du mois de may mil sept cents (*sic*) soixante-neuf. Retenu par le notaire soussigné, controllé à Guitres le 12 mars 1772, a été extrait ce qui suit :

Cinquièmement ladite demoiselle Dubois, testatrice fait, crée, nomme et institue pour ses hérittières générales et universelles les dites demoizelles Margueritte et Catherine Gintrac, ses deux filles aînées conjointemant et par moittié, Dans laquéle institution générale est compris les cinq milles livres que la testatrice avoit constitué de son chef à la dite demoizelle Margueritte Gintrac dans son contrat de mariage avec Monsieur Philipe Trigant avocat en parlement ; pour recueillir par les dites demoizelles Margueritte et Catherine Gintrac tous les biens meubles et immeubles et choses censées meubles de ladite demoizelle testatrice dont le

---

(1) Ceci donnerait à penser que Monsieur Maître Elie-Joseph Gintrac, arrière grand-père du duc Decazes, était seigneur de Brau. — Brau viendrait donc à Philippe Trigant de sa femme Marguerite de Gintrac ; aujourd'hui Brau est une dépendance du château et domaine de l'Arc.

principal objet consiste dans les rézerves ci-dessus
faites sur les institutions qu'elle a faites dans ces présentes à ses autres filles, soit en somme rézervée, que
répétition sur l'hérédité, dudit sieur Gintrac, pour ce
qu'il se trouve avoir constitué de son chef dans certains biens de la demoizelle testatrice dont l'hérédité
dudit sieur Gintrac devra faire raizon à celle de la
testatrice ainsi que de droit et justice. En quoy que
tous les biens non donnés ni légués par la demoizelle
testatrice de quelques espèces et nature qu'ils soient
puisse être et consister, avec les droits noms raisons
et actions rescindantes et récizoires ; pour être le tout
censé dot des meubles meublans, seulement, aus dites
demoizelles Margueritte et Catherine Gintrac de nature
de biens propres immeubles, reversible à elle et aux
leurs, de leurs stoc souche et ligne, et biens dotaux
pour ceux de la portion de ladite demoizelle Margueritte Gintrac comme si la constitution en eut été faite
dans le contrat de son mariage, voulant ladite demoizelle testatrice que (2ᵉ page) si l'une ou l'autre desdites
Margueritte et Catherine Gintrac ses filles et ses hérit-
tièresgénérales venoint à décéder sans enfans avant la
testatrice, que la portion de celle qui décéderoit sans
enfans avant icèle testatrice acroisse à l'autre ou à ses
enfans la représentante, sur laquèle institution générale ladite demoizelle testatrice veut que ladite demoizelle Margueritte Gintrac aye et prélève par précipu
et avantage premièrement la moittié de toutes les

sommes que doit et se trouvera devoir ledit sieur Philipe Trigant, son mari à ladite demoizelle testatrice et audit sieur Gintrac. En second lieu la moittié qui apartient à ladite demoizelle testatrice de la somme de douze cents livres de capital qui est due tant à elle qu'audit sieur Gintrac par les sieur et demoizelle Trigant, père et mère dudit sieur Trigant mari de ladite demoizelle Margueritte Gintrac. En troisième lieu, la rente constituée de quarante-huit livres annuelement au capital de douze cents livres suivant le contrat portant création de ladite rente en faveur de la demoizelle testatrice du neuf mars mil sept cents soixante-huit ; retenu par le notaire soussigné controllé à Guitre le sèze du même mois et an, pour être lesdites moittiés desdites sommes dues par ledit sieur Philipe Trigant, celles dues par les sieur et demoizelle ses père et mère, et ladite rente constituée au capital d'icèle maintenans donnés par préciput à ladite demoizelle Margueritte Gintrac, à elle propres et réputés de nature d'immeubles, biens doteaux inaliénnables reversible a elle et aux siens et a ceux de son stoc, souche et ligne ainsi que l'entière institution sof des meubles meublans comme il est dit ci-dessus. Ensamble veut la demoizelle testatrice que la dite demoizelle Marguerite Gintrac aye par précipu la moittié de tous les meubles que ladite demoiselle testatrice et ledit sieur Gintrac lui ont déjà donnés, et livrés, afin qu'elle ne soit point assujetie de les raporter ni précompter avec ceux qui seront en partage avec ladite demoizelle Catherine Gintrac en vertu de l'institution générale faite en leurs faveur, de plus ladite demoizelle testatrice veut que ladite demoizelle *Margueritte Gintrac, aye par pré-cipu* et avantage la moittié *de la pièce de terre en pré, que ladite demoizelle testatrice a dans les hauts prés pa-roisse de Sablon* laquèle *moittié léguée dans ces présen-tes à la demoizelle Marie Gintrac épouse* du sieur *Faure,* contenant la présente moittié *un journal un quart,* ou à peu près en quoy que ladite moittié de pièce de pré puisse consister, a la charge par ladite demoizelle Margueritte Gintrac de *remettre ladite moit-tié* de pièce de pré à demoizelle *Catherine Trigant* (1) *sa fille et petite fille de la demoizelle testatrice* qui veut lui donner cette marque de sa tendre affection et amittié, laquèle remise sera faite a ladite demoizelle Trigant dès l'instant qu'elle aura atteint l'âge de vingt-un ans, si plus tôt elle n'est faite, après lequel âge elle en prohibe la jouissance à tous ceux qui pour-ront y avoir droit, laquèle institution générale est ci-dessus faite par la testatrice en faveur desdites demoi-zelles *Margueritte et Catherine Gintrac, ses deux filles aînées,* à la charge qu'elles suporteront en dettes et charges de son héréditté par moittié, sans que toutesfois ladite demoizelle Catherine Gintrac puisse être tenue de rien payer desdites cinqs miles livres que la dite demoizelle testatrice avoit constituée au contrat de

---

(1) La mère du duc Elie.

mariage de ladite demoizelle Margueritte Gintrac étant confondue dans la dite institution générale.

Sixièmement, la demoizelle testatrice veut et entend que si quelqu'une de ses filles venoint à décéder avant elle et eussent des enfans, l'institution générale ou particulière que leur a faite cédde et se trouve faite en faveur desd. enfans les représantantes, lesquels enfans les représentantes audit cas la demoizelle testatrice instituent pour ses hérittiers particuliers ou généreaux colectivement chacun dans sa souche conformément aux institutions qu'elle a faites par ces présentes à leurs mères et aux mêmes charges et conditions et prohibitions. Septièmement, etcœtera.

Controllé à Guitre le douzième mars 1777, fol. 30, verso art. 7. Reçu en principal 20 livres et p^r les 6 p^r l. six livres, signé Jay. Et au-dessous dudit con^{lle} est écrit. Reçu le susdit droit de ving-six livres des mains de dem^{lle} Catherine Gintrac l'une des hérittières générales.

LARCETEAU, N^{re} R.

Signiffié le 14 juin 1774 à Trigant avant l'audiance, pour coppie par nous.

Signé illisiblement.

---

(1) Ce notaire royal est probablement J. B. Largeteau, notaire à Guitres de 1751 à 1791, ses minutes se trouvent aux archives de l'étude de Guitres.

ACTE DE NOTORIÉTÉ
délivré à Bordeaux en 1787.

A Messire Philippe Trigant, seigneur de Brau,
grand-père maternel
Du duc Elie Decazes, pair de France
premier ministre de Louis XVIII

Nous Jean-Henry, comte de Galard-Béarn, ancien capitaine des vaisseaux du roi, chevalier de l'ordre Royal et militaire de Saint-Louis, et lieutenant de maire, adjoint de la ville de Bordeaux.

Attestons à tous ceux qu'il appartiendra que Monsieur Trigant père, avocat de ce Parlement, y exerce sa profession depuis plus de quarante ans avec célébrité, qu'il a la confiance publique, que les enfants qu'il a eu de son premier mariage avec la demoiselle de Gintrac, petite nièce de M. de Pati, gouverneur de Saint-Domingue, consistent dans un fils aîné nommé Elie Trigant de Latour, conseiller assesseur au conseil souverain du Port-au-Prince ; un autre fils nommé Mathurin Trigant de Brau, que ce nom de Brau est celui d'une seigneurie en fief noble appartenant à cette famille située dans le duché de Fronsac. paroisse de Bonzac ; que ledit Mathurin Trigant, qui avait d'abord pris l'état eclésiastique, se distinguoit pour lors de ses frères par le nom d'Auguste, et que, par la suite, il prit le surnom dudit fief de Brau dans un ouvrage académique de *l'Eloge de Montesquieu,* qui

lui fit un honneur infini et qu'on regarde comme prodigieux pour son âge, que depuis cette époque, il
changea d'état, s'adonna au barreau et, son frère aîné
l'ayant déterminé à passer dans la colonie du Port-
au-Prince, il y a également été reçu conseiller assesseur
dans le même conseil souverain. Que mon dit sieur
Trigant père a deux autres fils dont l'un, officier
dans la marine royale, porte le surnom de Beaumont
et l'autre surnommé de Beaumard.

Que ledit Trigant de Beaumont a épousé la demoiselle Charlier du Port-au-Prince, et que l'autre non
marié y tient une maison de commerce sous le nom
de d'Aubaignac et Trigant, que de trois filles que mon
dit sieur Trigant père a eu de son dit *premier mariage
avec ladite demoiselle de Gintrac* ; *l'ainée est mariée à
M. Decazes, lieutenant particulier du présidial de
Libourne.* La cadette à **M.** de Brachet, gentilhomme
de cette province. La troisième avec M. David. lieutenant général criminel dudit présidial.

Et que du second mariage dudit sieur Trigant père
avec la demoiselle Roberjot, fille de M. de Roberjot, grefyer en chef de l'éllection de Guienne, il n'a
qu'une fille unique, et que ces familles jouissent
de toute l'estime publique dans Bordeaux. En foi
de quoy nous avons délivré et signé la présente attes-
tation à laquelle nous avons fait apposer le sceau de
nos armes et contresigner par notre secrétaire, à Bordeaux dans notre hôtel ce premier may mil sept cent
quatre-vingt-sept.

Signé : le comte de GALARD DE BÉARN,
par M. le Comte DUGAY.

LA JEUNESSE

DU DUC DECAZES

Acte de naissance du duc Elie Decazes, premier ministre de Louis XVIII.

(Mairie de St-Martin-du-Laye)

L'an mil sept cent quatre-vingt, le vingt-huit septembre est né un fils légitime du sieur Michel Decaze Conseiller du Roy, Lieutenant Particulier du sénéchal et Présidial de Libourne et procureur du Roy de l'amirauté de Guienne et de dame Catherine Trigant, ses père et mère mariés ensemble habitant la ville de Libourne. Cet enfant a été baptisé le lendemain par moi curé soussigné, on lui a donné le nom de Elie. Le parrain a été messire Ellie decarle, écuyer, et la marraine demoiselle Marie Cousteau (1) son aïeule, tous les deux habitants de la ville de Libourne, lequel enfant a été présenté sur les fonds de baptêmes par Mathieu Boset laboureur habitant la paroisse et par Jeanne Defargues habitant de celle de Bonzac qui ont déclaré ne savoir signer, en foi de ce

(Aucune signature.)

(1) Grand'mère de la mère du duc, épouse de Jean-Pierre Trigant appelé peut-être **Trigant-Marquet.**

INCIDENCE

Falsification des actes de l'état-civil

Cet acte de naissance paraît suspect en plusieurs endroits. Nous allons en parler plus loin.

On se trouve ici en présence d'une question bien

autrement curieuse : l'accusation nette de falsification des actes de l'état-civil concernant les Decazes, commise par eux, dans le but de faire croire à une origine supérieure à celle qu'ils avaient réellement.

Lettre de M. Dast Le Vascher de Boisville
(décédé en 1900), à l'auteur
de cet ouvrage

Bordeaux, 10 octobre 1899.

Monsieur,

Bien qu'ayant collaboré incidemment à votre publication sur la famille Trigant (1), ayant communiquè toutes mes notes au Comte de Saint Saud, je ne connais pas cette publication qui, m'a-t-on dit, est des plus intéressantes ; j'ignorais l'existence d'une famille de Métivier alliée à la vôtre. La famille parlementaire de Métivier, loin d'être protestante, a été la victime de l'atrocité de cette triste secte. Pierre de Métivier, fondateur de la famille, célèbre avocat bordelais, originaire du Limouzin, fut en effet assassiné par les protestants à son retour des Etats de Blois en 1588 où il avait représenté dignement le *Tiers* bordelais. Il était seigneur de Persard et avait épousé Jeanne de Tarneau, fille d'un Parlementaire. Il en eut 2 fils dont l'un Jehan de M. mort 1632, conseiller au parlement de Bordeaux ; 1594-1632, marié à Jacquette de la Rivière dont il eut entr'autres : Pierre de Métivier conseiller au Parlement 1626, marié en 1625 à Cathe-

(1) " Les Trigant " grand in 8·, 172 pages d'impression en petit texte — année 1896, prix cinq francs chez l'auteur, Baron Maxime Trigant de Latour, 3, rue Général Henrion Bertier Neuilly (Seine).

rinc de Fayet, fille d'un trésorier général à Bordeaux.

Vous voyez, Monsieur, qu'il n'y a rien de commun entre ces deux familles (1)

Dans le numéro spécimen que vous avez bien voulu m'envoyer, je lis que vous allez faire une publication pour venger la mémoire et surtout les ancêtres du duc Decazes des calomnies !!! lancées contre eux au sujet de leurs prétentions nobiliaires, vous ne connaissez probablement pas *certain petit dossier* fort curieux

---

(1) Ici M. Dast Le Vascher de Boisville va bien loin en affirmant sur le simple exposé qu'il fait da''s les phrases précédentes que les Metivier du Parlement et ceux protestants n'ont rien de commun : à mon avis, les recherches amèneront à trouver une parenté procl e.

(?) Ce numéro est la Chronique héraldique et mondaine du ler mars 1899, (feuille fondée par moi en 1898, dont le ler numéro fut daté du ler janvier 1899).

Mais ici, M. de Boisville ee trompe, il ne s'agissait pas dans l'ouvrage que j'avais projeté des ancêtres du duc, ce travail n'est pas la présente étude.

Il devait être exclusivement sur le duc Decazes et traiter de ce qui lui était personnel, des faits spéciaux à son ministère, comme par exemple l'argent de la ferme des jeux, ce n'était qu'en quelques lignes et par incidence, qu'il devait y être dit au milieu de notes personnelles au duc Elie.qu'un Decazes avait été annobli par Henri IV, que cette famille remontait sa filliation suivie très haut et avait tenu, des siècles durant une place considérable dans la haute bourgeoisie, simple rectification de quelques lignes seulement de la note de l'Intermédiaire, sans oublier le prétendu surnom donné au père du duc, motivé s'il existait par le prêt de fonds à taux élevé, ce n'est que vers la fin de 1899, que je fus amené à recueillir les matériaux mis ici, et c'est seulement alors que par leur nature je conçus l'idée d'en faire le présent volume.

où il est démontré, *preuves à l'appui*, que les Decazes, voulant faire croire à *leur origine noble avaient falsifié et raluré* tous les registres de l'Etat-civil des paroisses de Libourne, St-Martin de Mazerat etc... *Ce dossier est très suggestif.*

Veuillez croire, Monsieur, à mes plus dévoués sentiments.

Dast de Boisville
15, rue de le Renaissance
Bordeaux

M. Numa Dast Le Vascher de Boisville, secrétaire de la Société des archives de la Gironde, savant distingué, mort le 23 novembre 1899 à la fleur de l'âge, 30 ans, d'une maladie qai ne pardonne pas, alors que si jeune, il était classé comme l'un des plus savants érudi‘s du sud-ouest de la France, accuse une falsification des actes.

Eut-elle lieu au moment d'un procès fait par la ville de Libourne en 1760, aux Decazes, à l'effet de les faire déclarer non nobles, vilains et roturiers (bourgeois) et de les obliger ainsi à participer aux charges imposées à la ville.

Procès que la ville gagna. Dans ce cas l'acte de

Ce travail annoncé dans la chronique, sera celui spécial au duc Decazes, et à son ministère que je compte publier, et si je supprime ce qui devait s'y trouver sur le père et la famille du duc, et qui est entré dans le présent ouvrage, de ce fait, il ne perdra que bien moins d'un chapitre sur le projet annoncé à la Chronique.

naissance du duc Decazes ne rentrerait pas dans les pièces falsifiées où il faudrait admettre une seconde entreprise de travestissement de la vérité.

Si au contraire, les ratures et grattages eurent lieu plus tard, sous le père du duc par exemple, on peut présumer que l'acte de naissance du favori est bien une pièce falsifiée.

Lettre du secrétaire de la Mairie de St-Martin de Laye à l'auteur de cet ouvrage

St-Martin de Laye, le 31 décembre 1900.

« Il m'est impossible de vous donner tous les renseignements que vous me demandez sur la famille Decazes.

Cette famille est trop ancienne, aucune personne qui existe actuellement ne peut donner de renseignements précis. (1)

Je vous donne exactement l'extrait de l'acte de naissance qui n'a pas été du tout falsifié : j'ai cherché sur les registres, mais je n'ai découvert aucun autre enfant du mariage de Michel Decazes et de Catherine Trigant. Je n'ai pas non plus trouvé aucune trace de leur mariage. (2)

Comme propriété, celle de Malfard n'était pas comme elle est maintenant ; d'abord où est né le duc de Caze, c'est une ancienne petite maison appelée aujourd'hui au vieux Malfard, mais le château a été construit depuis par M. Beylot qui en était le propriétaire.

Une certaine famille Trigant a bien habité Guitres

---

(1) C'est-à-dire qu'elle a quitté le pays depuis trop longtemps et qu'il y a trop d'années pour qu'il y ait encore des contemporains.

(2) En effet, le mariage eut lieu à Libourne, croyons-nous.

à Maine Blanc, mais tout est disparu ; elle avait bien une propriété à Brau, (1) commune de Bonzac qui appartient aujourd'hui à M. Deligny, (2) habitant Paris.

Je regrette de ne pouvoir pas vous donner plus de renseignements,

Recevez, etc...

MOUCHE.

Secrétaire de la mairie de St-Martin du Laye
par Guitres (Gironde)

---

(1) La branche de l'auteur de cet ouvrage fut en effet propriétaire de Brau, aujourd'hui dépendance du château de l'Arc. en la personne de Philippe Trigant seigneur de Brau, il fut, croit-on, propriétaire de Maine-Blanc, étant par sa femme née Gintrac, juge héréditaire de Guitres — Mais il est à remarquer que Maine Blanc fut peu après (à l'époque de la Révolution), propriété de M. Trigant de Geneste (de la branche du Petit Fort par héritage des Binet. sans doute ou par achat.

A un rameau de cette branche les Gramont appartient Michel Trigant qui, vers 1830 fut à la Grave secrétaire du duc Decazes : il était fils de Pierre Trigant Gramont et de Marie Marguerite Esmein ; mort sans enfants ce Michel avait une sœur mariée à Félix Sarrail, le fils de Guillaume Sarrail, premier maire de Guitres sous la Terreur, et dont la fille vit encore, veuve de Théophile Riquet.

(2) Propriétaire actuel du château de l'Arc dont dépend Brau, et auparavant propriété du général comte de Trigant de Beaumont, dont un fils Trigant de l'Arc eut une fille, madame Ladene, née Trigant de Beaumont de l'Arc.

Quoiqu'il en soit, l'acte de naisssance du duc est suspect.

Que sait-on sur la jeunesse du duc, fort peu de chose, là où il fit ses études ; c'était connu ; Et ce qui se rapporte à la noblesse, c'est-à-dire ce fait qu'il avait pour parrain un de Carles. Pourquoi ce peu de choses.

Parce que nous ne connaissons l'enfance du ministre de Louis XVIII que par une seule personne, sa femme, Mademoiselle de Saint-Aulaire.

Et l'orgueil de madame la duchesse Decazes ne pouvait voir chez son mari que tout ce qui touchait la noblesse la plus illustre !

Si l'on ouvre Louis XVIII et le duc Decazes, par M. Ernest Daudet, Paris, Plon éditeur 1899.

Livre si profondément exact que rarement un historien a atteint ce point de perfection complète. — M. Ernest Daudet donne ce qu'a dit de l'enfance du ministre madame la duchesse Decazes.

Admis par les Descazes, et il est le seul, à fouiller librement les riches archives du château de la Grave ; M. Ernest Daudet qui a pour les Decazes une véritable affection, aurait-il pu publier ce que quelques-uns d'entre eux avaient passé sous silence. D'ailleurs, de nouveaux, détails sur l'enfance du ministre sont peut-être maintenant impossible à trouver.

Madame la duchesse Decazes. altière, orgueilleuse, d'une nature très intelligente mais insensible, d'un cœur rude, madame la duchesse Decazes n'a jamais compris le cœur vibrant, le noble cœur de son mari, elle a repoussé tant qu'elle a pu tous ceux de sa famille qui n'étaient point illustres au vu et au su de toute la France.

M. Ernest Daudet, d'après Saint-Aulaire-Decazes, parle beaucoup de M. de Carles et nous apprend que la duchesse dit ne rien savoir autre de l'enfance du duc, parce que celui-ci était trop préoccupé des grands événements qui suivirent pour en parler !

Elie Decazes, ce grand cœur, ne pas parler de son enfance, ne pas regretter l'heureuse, la douce insouciance de ses premières années, être préoccupée plus qu'il n'était nécessaire des luttes politiques, surlout quand il ne fut plus ministre, lui qui au contraire entreprit et s'occupa de tant de ehoses diverses et qui aimait tant son pays natal, tout y était pour lui un souvenir ; il en parlait toujours au contraire. Comme on voit bien, Mademoiselle de Saint-Aulaire n'admettre que le ministre auprès de Louis XVIII.

Madame la duchesse Decazes trouve trop humble la jeunesse de son mari. A ce sujet, ou pour sa famille, ses parents, la haute dignité du duc Decazes se fut d'ailleurs refusé à toute discussion, les Decazes au contraire pouvaient être fier du glorieux passé de leur leur famille, race ancienne, qui à chaque génération fut quelque chose dans cette bourgeoisie considérable vieille de tant de siècles, assimilée des centaines d'années à la noblesse.

Plus loin madame la duchesse Decazes parle de M. Séjourné, comme secrétaire particulier et chef de cabinet de son mari ; c'était M. Trigant de Latour son chef de cabinet.

Madame de Brachet née de Trigant, tante du baron Trigant de Latour et du duc Decazes, épousa, en deuxième noces M. Séjourné, trésorier-payeur général, de ce mariage, il n'y eut pas d'enfants.

Ce Séjourné, cité par la duchesse Decazes, à quel titre est-ilauprès de M. Decazes, à un poste de confiance. Il y avait, croit-on, un officier depaix de ce nom.

Madame la duchesse Decazes, à certains passages met ainsi en lumière des personnages divers pour en passer d'autres sous silence.

---

(1) Cette étude est impartiale, il ne s'agit pas ici du baron Trigant de Latour qui, cousin-germain du duc, aimé de lui comme un frère ne pouvait être éliminé. — Quand il mourut l: duc était malade, madame la duchesse Decazes lui cacha sa mort (20 avril 1858), soi-disant pour ne pas l'achever, malgré l'affection énorme du duc poui son cousin-germain et intime ami qu'li tutoya toujours, cela semble exagéré.) Elie Decazes est mort le 24 octobre 1860.

LA JEUNESSE DU DUC DECAZES

(Suite)

*Voir plus loin à l'apogée, après la suite de la vie de son père,
de nouveaux détails.*

Malfard était lors de l'enfance du duc un domaine,
à maison bourgeoise de peu d'apparence en briques
rouges flanquée de deux pavillons pigeonniers.

Cette construction existe aujourd'hui et est connue
sous le nom de Au vieux Malfard ; les Beylot en furent propriétaires de bonne heure et élevèrent le château actuel de Malfard.

Une cousine germaine du ducElie, fille de Thomas, le frère du père du duc et de mademoiselle de
Colmenil avait épousé Mathieu Beylot.

Malfard est à 4 kilomètres de la Grave autre habitation de Michel Decazes, qui fut la résidence favorite
d'Elie Decazes et où il fit construire le château actuel
en place de l'habitation bourgeoise qui s'y élevait à
l'époque de son enfance.

La Grave est au village de Bonzac, peut-être à
l'origine ce domaine et Malfard, n'étaient-ils qu'une
seule et même propriété.

Actuellement Malfard vient d'être vendu par les Descordes et la Grave du duc Elie Decazes est toujours à sa famille.

A Libourne aussi, Elie Decazes enfant habita souvent, son père magistrat dans cette ville y vivait plus que dans ses propriétés.

La maison qu'y avait Michel Decazes était au coin des rues actuelles Sainte-Catherine et du Président Carnot, le duc Elie fit élever à sa place un véritable palais lequel est aujourd'hui la propriété de la famille Piola.

Le jeune Elie Decazes fut placé au très célèbre collège de Vendôme, dirigé par les Pères de l'Oratoire, où toute la bourgeoisie riche d'alors tenait à envoyer ses enfants, il y trouva beaucoup de condisciples des plus grandes familles de Bordeaux et de ce pays, y resta plusieurs années et y fit de brillantes études.

Gontier, qui était appelé à tort Maine de Biran, n'y fut pas comme on l'a dit son condisciple, puisqu'il naquit en 1766 et qu'il avait par conséquent vingt ans de plus que lui.

On lit dans Louis XVIII par le vicomte Oscar de Poii chap. 24, page 296, in-12, 3me édit.

« Elie Decazes « Rappelé dans sa famille après le meurtre de Louis XVI, il avait vu son père magistrat populaire, quoiqu'intègre, poursuivi et traqué, traîné dans les prisons par les apôtres de la Liberté nouvelle le cri de la population avait sauvé de l'échataud cet nomme de bien, ce père tendre et véneré.

Elie Decazes a-t-il réellement été à Vendôme de 1790 à la mort de l'infortuné Louis XVI, ou bien y resta-t-il plus tard, ou bien y revint-il, ou n'y entra-t-il qu'après.

Il paraît certain qu'il y entra en 1790 et revint de bonne heure à Libourne, soit parce que Michel Decazes ne pouvait le laisser dans un collège religieux alors que lui-même était l'agent des terroristes, soit que l'établissement eut été fermé.

Michel Decazes fut en effet emprisonné sous la Terreur, car on lit sur la liste de suspects détenus son nom : **Decazes aîné**, et Decazes aîné c'est lui.

Il n'y resta pas longtemps.

Mais personne n'avait protesté :

1· Parce que les Decazes n'étaient point populaires à Libourne ;

2· Parce que nul ne se fut permis de blâmer un arrêté du Comité de surveillance.

Il ne faudrait pas conclure de ce qu'il était influent qu'il avait été populaire. Le motif de cet élargissement si prompt de M. Decazes ne peut être que dans ce fait que dès sa mise en liberté, Michel Decazes est constamment aux cotés des plus farouches terroristes ; on constate sa présence dans tous les événements de 1793 à 1794, notamment à la levée du corps des infortunés représentants Pétion et Buzot, découverts au milieu des blés de St-Magne;

En juin 1794, au moment le plus terrible, il y est en compagnie des plus tristement célèbres parmi les membres du comité de surveillance de Libourne et de Bordeaux.

Quelques mois auparavant il avait été nommé séquestre des biens de Jacques Lacaze, député à la Convention, guillotiné à Paris avec les autres Girondins.

On voit que le grand caractère d'Elie Decazes n'était pas celui de son père, mais qu'il était le noble cœur et l'esprit supérieur des Trigant ; il avait toutes les qualités de cette famille : le plus haut esprit, une sensibilité d'âme, une profondeur de sentiments exquise et raffinée à ce degré où les sensations sont supérieures et font si profondément souffrir, jusqu'à la volupté, où l'âme, dans la profondeur des sentiments, ou des sensations perçues dans ses impressions qui la pénètrent, la faculté de ressentir au degré le plus développé, est menée au charme, à la douleur, à la résignation, au martyre, mais aussi à la perfection, à l'affinement.

Michel Decazes avait il à choisir à ce moment entre la spoliation de ses biens et probablement sa vie, ou le service des agents révolutionnaires...... Brigua-t-il leurs services pour se mieux mettre à l'abri...... c'est probable, l'intérêt primait tout pour lui.

BIOGRAPHIE
de M. le duc de Cazes
Par M. Bertin
Paris, librairie de Frédéric Henry, 1863

Elie *de Cazes* naquit à St-Martin du Laye sur l'Isle, aux environs de Libourne le 28 septembre 1780; sa famille Janoblie en 1595 par Henri IV dans son ancê- tre Raymond de Cazes a fourni depuis un grand nombre de magistrats, de maires à la ville de Libour- ne, d'avocats etc... ainsi que *deux archevêques au siége archiépiscopal de Guienne* (1) Son père, Michel de Cazes était lieutenant particulier *du Roi* (2). au prési- dial de Libourne, et selon la version *populaire*,, il pas- sait pour l'homme le plus influent du Libournais ; il avait épousé une *dame* (une demoizelle, aurait dû met- tre M. Bertin pour être exact) Trigant enfin et derniè- rement encore, Elie de Cazes qui les éclipse tous.

Entré de bonne heure à l'Ecole *militaire* de Ven-

dôme, il en sortit pour venir terminer ses études à Libourne, puis alla faire son droit à Paris où il se lia
d'amitié avec le Comte M. qui plus tard seconda
puissamment sa fortune ; de retour à Libourne, il
avait alors environ vingt-deux ans, il se présenta au
barreau où il travailla pendant quelque temps comme
avocat et y obtint d'abord quelques succès. Mais ces
palmes du barreau ne suffisaient pas à sa noble ambi-
tion ; il résolut d'aller s'établir à Paris, où il ne tarda
pas à jouer un rôle des plus élévés. Il s'adressa d'a
bord à quelques amis qu'il y avait fait pendant qu'il
y étudiait son droit qui le firent entrer au ministère
de la Justice. Il y était encore lorsqu'il épousa en
1805 Mlle *de* (3) Muraire dont le père était président
de la Cour de Cassation.

---

(1) ? ? ?   (2) ? ? ?   (3) ? ? ?   (On voit par ces trois inexacti-
tudes l'esprit de flatterie pour les Decazes dans lequel est conçu
le travail de M. Bertin.

# TROISIÈME PARTIE

TROISIÈME PARTIE

L'APOGÉE

Suite du Pére du duc

**Le Père du duc Decazes
dans sa carrière
sous l'Apogée de son Fils**

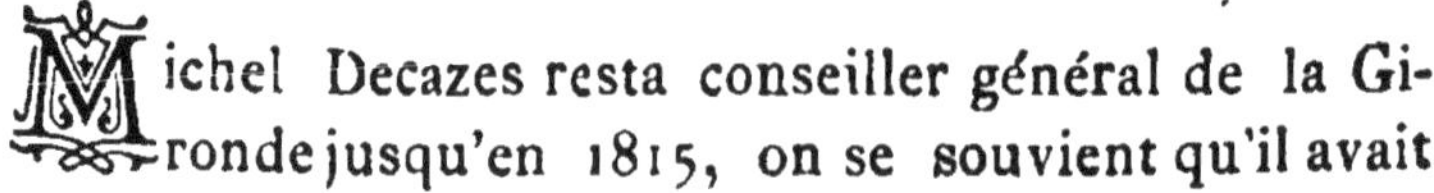

ichel Decazes resta conseiller général de la Gironde jusqu'en 1815, on se souvient qu'il avait été élu à ce poste officiel lorsque son fils n'était rien et n'avait que vingt ans.

Mais pendant les Cent jours il ne voulut pas siéger malgré la volonté du préfet.

Son fils était arrivé.

Michel Decazes fut chargé en 1814 de la surveillance des travaux des routes départementales de l'arrondissement de Libourne.

Le conseil général le désigna avec d'autres de ses membres pour aller jurer fidélité au roi Louis XVIII.

Il est nommé chevalier de la Légion d'honneur le 6 septembre 1814 et officier du même ordre le 1er mai 1821.

Le 25 septembre 1816, le conseil général de Libourne l'élit premier candidat à la députation.

Il fut reçu, plusieurs fois, par le roi en audience particulière ; le 10 septembre 1816 Louis XVIII lui écrivit une lettre autographe, lui exprimant la reconnaissance qu'il avait des services rendus par ses fils, Elie comte Decazes et Joseph Léonard comte Decazes de l'Isle (1).

En 1818, le duc Elie Decazes ayant fondé à Libour-

---

(1) Sorti de l'Ecole polytechnique (1803) ingénieur des Ponts et Chaussées, auditeur au conseil d'Etat 1810.

Après que son frère aîné eut été apprécié du roi Louis XVIII : Sous-préfet 1814 — préfet 1815.

Chevalier de la Légion d'honneur 1815 — Officier du même, ordre 1820.

Baron (décembre 1815) puis Comte (1818 ?) — maître des requêtes en service extraordinaire (4 novembre 1818) — Préfet du Bas Rhin, 24 février 1819.

ne la Société d'Agriculture, son père en fut le Président.

Michel Decazes fut gravement malade en 1832 ainsi qu'en témoigne la lettre suivante du duc son fils, à la baronne Trigant de Latour née Liot mon arrière grand-mère, dont le mari était fils de l'aîné des frères de Madame Michel Decazes née Trigant, par conséquent cousin-germain du favori de Louis XVIII.

Voici cette lettre.

Lettre autographe du duc Decazes
propriété de l'auteur du présent ouvrage

Adresse :

Madame la baronne Trigant de Latour,
rue Pigale, n° 8
PARIS

(timbre bleu) 25 août 1832   (à côté du chiffre 8
                                timbre à date noir de
                                la poste où on lit :)

Libourne, 22 août 1832,

(Cette adresse est sur la 4me page de la lettre qui a été fermée et pliée à l'aide d'un pain à cacheter sans l'emploi d'une enveloppe ainsi que cela se pratiquait autrefois.)

(Texte)

Je vous remercie, chère cousine, de l'avis que vous me transmettez, je l'ai mis à profit tout de suite, car je viens d'envoyer à M. La Chapelle un bon de 1990 francs ; j'ai adressé la lettre rue d'Argenteuil, je crois ne m'être pas trompé. Je serais doublement fâché qu'il fut tourmenté par ses chères à cause de moi, car il a été parfait pour moi et j'en suis fort reconnaissant

Veuillez faire agréer mes hommages à Madame votre mère et à Mademoiselle votre sœur et recevoir toutes mes tendresses. *Mon père a été fort malade*, et est mieux, mais d'un mieux de 86 ans.

Votre bon cousin,
le. D'Decazes

La Gr. 21 août 1832

Cette lettre est toute sur une page de sorte que les 2 pages intérieures sont blanches la quatrième page de la feuille de papier portant l'adresse.

Le texte de la lettre commence presque immédiatement en haut de la page usage employé par les hommes politiques très en vue qui ont un très grand nombre de lettres à écrire chaque jour.

Mais la maladie dont parle cette lettre du duc Decazes devait être mortelle pour le père du ministre.

En effet l'année suivante Michel Decazes mourait au château de la Grave commune de St-Denis de Pilles Gironde en 1833.

Au bout du parc du château de la Grave se dressent les tumulus du petit cimetière de Bonzac, c'est là que repose Michel Decazes, là que vint le rejoindre l'année suivante Catherine Trigant sa femme, qui mourut au château de la Grave le 17 juin 1834 puis en 1860 leur fils l'illustre et noble vieillard qui avait été le meilleur ami du roi Louis XVIII, le duc et pair que le vieux monarque aimait à appeler son fils, son tombeau est près du chevet de l'église; à droite de lui sont inhumés son père, sa mère et à gauche d'autres parents.

Et plus tard encore (1886) le second duc Decazes, le fils d'Elie le petit-fils de Michel et de Catherine Trigant, le filleul du roi Louis XVIII tremblant déjà du froid de la tombe allait par les allées, sous les grands arbres du parc de la Grave péniblement appuyé au bras de son enfant de prédilection ; sa fille Wilhemine Decazes aujourd'hui la marquise Deville de Sardelys, qui dit-on a hérité de l'intelligence du favori de Louis XVIII, arrivé au bout de sa pénible course il lui disait en lui montrant d'une main affaiblie la tombe de sa famille dans ce cimetière de Bonzac si riche, en glorieux souvenir : Ma fille, bientôt je serai là ; quelques-uns disent qu'il avait ajouté : quand je ne serai plus, je te confie les destinées de la famille.....

Wilhemine Decazes douloureusement impressionnée chercha de tout son pouvoir à consoler ce père qu'elle ne quittait jamais qui l'aimait tant, mais moins d'un mois après la prophétie du cimetière de Bonzac, le second duc Decazes mourait et la tombe que du doigt il avait montrée s'ouvrait pour recevoir sa dépouille mortelle. Son tombeau est à gauche de celui du duc Elie et de ses père et mère.

Rien n'est riant comme ce parc de la Grave ; au pied du château la rivière d'Isle coule tranquille ; en face sur l'autre rive se voit le village de St-Denis de Piles au commencement du parc un pont suspendu fait communiquer les deux rives ; le parc est une immense prairie et les arbres rares à l'entrée, après le pont suspendu de St-Denis de Piles, sont très clairsemés près de la demeure favorite du ministre de Louis XVIII, mais ils ne le sont pas assez pour que les rayons du soleil les percent et empêchent une ombre douce de rester dans les promenades.... un peu plus loin que le château, les coteaux de Bonzac rejoignent l'Isle ; au sommet s'élèvent l'église et les quelques maisons du village, à gauche le cimetière le chemin qui y mène du parc longe le coteau et sa pente n'est point raide.

Tout cela est dans un état de parfait entretien, mais c'est la nature même, et rien n'est plus éloigné de nos parcs parisiens, c'est la riante ruche saintongeaise dans toute son activité que cette rive enchanteresse de la rivière de l'Isle !

Lettre de faire part
du mariage du duc Decazes

M.

S. A. S. Madame la duchesse de Brunswic-Lunebourg Bévern née Princesse de Nassau-Sarrebruck. Madame la marquise de Soyecourt née princesse de Nassau Sarrebruck Monsieur le Comte et Madame la Comtesse de Saint-Aulaire. M. le Comte et Madame la Comtesse Louis de Saint-Aulaire ont l'honneur de vous faire part du mariage de Mademoiselle de Saint-Aulaire leur nièce petite-fille et fille avec S. E. M. le Comte Decazes, pair de France ministre de la Police générale.

Paris, ce 11 août 1818.

M. et Madame Decazes ont l'honneur de vous faire part du mariage de M. le comte Decazes leur fils, pair de France ministre de la Police Générale avec Mademoiselle de St-Aulaire.

Paris, ce 11 août 1818.

Une lettre du duc Decazes
où il parle de la mort de sa mère

Papier petit in-4° — 2 pages intérieures blanches sur la 4me page on lit timbre bleu " 5 juillet 1834 " timbre noir " Bordeaux 7 juillet 1834 " et de l'écriture du duc :

Monsieur Hervé, député à Bordeaux,

Je vous remercie, mon cher compatriote, de la part que vous prenez à ma peine et de votre souvenir amical. Le coup qui m'a frappé m'a accablé. Les tristes distractions qui me font passer teutes mes journées au Luxembourg occupent mɔn esprit sans soulager mon âme brisée. J'irai chercher quelque soulagement en priant un moment sur la tombe de ma pauvre mère, et en m'occupant des aff^{res} de notre dép^t au c^l g^l où je serai le 12.

J'ai su les intrigues par lesquelles on a cherché à empêcher votre élection, elles ne m'ont pas plus étonné que votre succès. Je crois avec vous qu'il ne faut pas se presser d'accepter qq chose, mais si une occasion favorable se présente, il ne faudra pas pourtant la laisser échapper.

Nous en causerons à B^x ainsi que de l'idée que j'avais eue.

Recevez, mon cher compatriote, l'expression de mon attachement.

Le D. Decazes.

5 j$_{et}$ 1834.

L'ORIGINE DES DECAZES

L'origine des Decazes

Ce que la politique a encore reproché au duc, c'est son origine....

Et ce fut à tort.

Beaucoup de familles nobles n'ont pas celle des Decazes, combien en est-il qui voudraient pouvoir se dire aussi anciennes; des siècles durant, ils marquèrent dans leur région parmi les plus importants de la haute bourgeoisie, comme nous allons le dire plus loin.

Bien entendu on ne pouvait dire qu'ils étaient pairs de France.

Au reste, on pourra se convaincre par le chapitre que nous consacrons à l'ascendance du duc Decazes,

que des siècles cette ascendance fut assimilée
à la noblesse, que l'un des aïeux du ministre l'avait
reçue de Henri IV, et que s'ils la perdirent, ils restèrent
toujours en vue dans la haute bourgeoisie par leur ri-
chesse comme par l'importance des charges adminis-
tratives qu'ils détinrent à chaque génération.

La famille du duc Decazes

Son grand-père — Ses oncles et ses tantes

coté paternel

Le père du duc Decazes Michel Decazes était fils de
François Decazes né à Libourne le 25 février 1702, de
Jean Joseph de Cazes conseiller au présidial de Li-
bourne et jurat de cette ville et de Marie Moreau (1)

François Decazes notaire royal et procureur au présidial de Libourne mourut avant février 1768 — Jurat de Libourne en 1736-37.

Il avait épousé Marie Catherine Duperrieu (2) dont
le frère était conseiller en la Cour des Aydes de Guyenne, charge qui ne pouvait être exercée que par des

____

(1) Fille de Jean Moréau et de Marie Rouxguilhem, on ignore
si ces Moreau sont de la famille noble des Moreau de Varège éta-
blie dans la contrée — la famille de Rouxguilhem est marquante.

(2) Nous avons déjà donné au commencement de ce travail une
longue note sur la famille Duperrieu et avons montré qu'elle est
considérable et noble.

nobles, et qui d'ailleurs conférait la noblesse à quiconque en était revêtu.

De son mariage naquirent : cinq garçons et quatre filles.

Ce sont les frères et sœurs du père, du duc Elie Decazes.

Voici ce qui les concerne.

1· Catherine Decazes née le 21 avril 1739, mariée le 28 septembre 1776 à Jean Alexis Decazes né le 20 octobre 1721, cousin issu de germain avec le grand-père de Catherine, ancien officier des vaisseaux de la compagnie des Indes ; fils de Jean Marie Decazes, né le 24 août 1673, conseiller au présidial après son père, et de Marguerite de St-Marc.

Ce Jean-Marie Decazes, était fils de François Decazes, frère cadet de François Decazes le mari de Jeanne Limouzin, et arrière grand père de Michel Decazes, père du duc. (1)

2· Marie Elisabeth, née le 21 avril 1740, épousa, à Libourne, le 5 mai 1762 Pierre Jean Jay procureur en l'ordinaire de la ville de Castillon sur Dordogne. (Guinodie, histoire de Libourne) notaire, mort avant 1806, fils de Pierre Jay, notaire royal, et de Lidie Françoise Bruis, habitante de Castillon.

---

(1) Voir plus loin pour plus de détails sur ces personnages.

Ils eurent : Jean Louis Jay, percepteur à vie des contributions de Bonzac, St Denis et Savignac, habitant au lieu de la Grave, commune de Bonzac, né à Castillon sur Dordogne, marié le 26 décembre 1806, par contrat passé devant Me Philippe Martin jeune notaire à Feysset, commune de Bonzac, (ses minutes conservées aux archives du notaire de St Denis de Piles.

Avec demoiselle Catherine David, habitant avec ses père et mère à Trincaud commune de Bonzac, fille de Pierre David, agriculteur, et de dame Marie Trigant présents et consentants, la fiancée assistée de dame Catherine Trigant épouse de M. Decazes aîné, tante du côté maternel et marraine de la future épouse, le futur assisté de M. Michel Decazes aîné jurisconsulte et membre du Conseil général du département, son oncle du côté maternel, après les futurs époux ont signé :

Decazes aîné (Michel) ; B. Decazes cadet (Baptiste) ; Decazes jeune (Auguste) ; comte Trigant de Beaumont oncle ; Zélia Princeteau née Decazes ; Théodore Princeteau ; Aurore Decazes ; Veuve Decazes ; Lacaze née Decazes ; Marianne Decazes ; Chaperon ; Decazes (Mme Aug.) ; Brachet ; Jay, etc...

3· Marie Decazes non mariée, qui occupe sans doute le troisième rang dans l'ordre de naissance.

4· Pierre Nicolas, né le 7 décembre 1745, décédé à trois ans 1748.

5· Michel, fils aîné par la mort en bas âge de son frère Pierre Nicolas ; né le 20 février 1747, père du duc Elie Decazes.

6· Thomas Decazes, né le 24 avril 1749, officier de la marine marchande, marié à St Domingue avec Marie Félicienne de Colmenil revenu en France en 1786 eut cinq garçons et trois filles savoir ——— cousins germains du duc Elie Decazes :

A. — Decazes (Pion) Jacques Philippe, né à St Domingue vers 1784, trésorier payeur général de la Dordogne en novembre 1844, à Périgueux.

De son mariage avec Marie Coralie de Saint Jean, il laissa une nombreuse postérité, notamment : Michel Edouard Decazes, capitaine de houzards, préfet, marié le 4 février 1846 à Marie Françoise Alice Aulas de Courtigis, fille d'Aulas de Courtigis, général de division et d'Adeline Chalmeton de Monchamp.

B. — Michel Théodore Decazes.

C. — **Pierre Elisée baron Decazes** né le 24 mars 1793, secrétaire d'ambassade à Londres de 1817 à 1822, créé baron par Louis XVIII en 1818.

Marié le 21 avril 1823 à Elisabeth Hélène Brisseau de Mirbel.

Etant consul général de France en Hollande, il prit sa retraite en 1848, et alla se fixer au Cauze en St-Christophe, château qui lui était échu par arrangement de famille.

Fut le père de Michel Elisée Théodore baron Decazes né à Copenhague le 29 septembre 1824, marié le 19 novembre 1851 à Eléonore de Stackelberg fille du comte.

D. — Jean Baptiste Edouard Decazes né le 27 août 1797.

E. — *Auguste Decazes né en 1800 non marié* **vécut au Château de la Grave** (commune de Bonzac).

F. — Félicienne Decazes Madame Taillade, (ils eurent une fille mariée à Justin-Saint-Clair Belliquet fils de Guillaume Belliquet (1) et de Marie Augustine Bulle) d'où Jules et Loùise Belliquet nés à Libourne.

G. — Catherine Adèle Decazes mariée à Méliton Brun.

H. — Marie Catherine Zélia Decazes, née en 1795, mariée à Mathieu Beylot, décédée le 28 octobre 1868 d'où : Elie Beylot ; — Charles Beylot marié à Mlle Montouroy de Lussac ; — Elisa Beylot mariée à Mr Dufoussat ; — Zélia Beylot mariée à Victor Fourcaud.

4· Jean Michel Baptiste Decazes, alla rejoindre son frère Thomas à St Marc, île St Domingue.

Etait de retour à Libourne dès mai 1791, s'était marié, dans l'île, à Marie Louise Félicité Létang de la Pointe.

5· Pierre François Auguste Decazes, né le 30 décembre 1750, président du Tribunal civil de Libourne en 1804, et du collège électoral de l'arrondissement de cette ville le 17 mai 1813.

Marié à Louise Chaperon, fille de Jean Chaperon marchand, bourgeois de Libourne et de Louise Bousquet d'où :

Marie Catherine Decazes madame François Vincent Lacaze ; ledit fils de François Lacaze jeune, bourgeois, marchand de Libourne, et de Jeanne Elisabeth Proteau.

9· Thérèse Decazes, née le 7 mars 1752, religieuse.

Le grand père, les oncles et tantes
du duc Elie Decazes côté
maternel

Catherine Trigant, mère du duc Elie Decazes (épouse de Michel Decazes), était fille de Messire (1) Philippe Trigant (seigneur de Brau) et de Marguerite de Gintrac. (2)

Grand père du duc Elie Decazes :

Messire Philippe Trigant était fils aîné de Jean Pierre Trigant (dit peut-être Marquet), avocat, conseiller du roi, procureur au présidial de Bordeaux (1692-1765), et de Marie Anne Coustault.

Messire Philippe Trigant, propriétaire de la seigneurie de Brau, située au tainement de Richon, paroisse de Bonzac, naquit à Libourne le 30 mai 1725.

Il eut pour parrain, son grand-père maternel Jean Philippe Coustault, bourgeois, ancien lieutenant de

(1) Messire dans le contrat de mariage de son fils aîné.
(2) Acte de notoriété, délivré par le comte de Galard de Béarn, dont on trouve copie dans cet ouvrage, particule donnée.
(3) Même acte qu'au renvoi 2 et autres actes divers.

maire, et pour marraine, madame Jean Olivier, sa tante, née Jeanne Trigant (fille de Michel Trigant, maitre écrivain et arimaticien de Libourne, puis régent à Bourg sur Gironde 1694, enfin conseiller du roi secrétaire à Libourne 1696, et de Marie Catherine Bardon).

Jeanne Trigant baptisée à Libourne le 20 janvier 1694, mourut le 9 novembre 1747, après avoir épousé à Libourne, le 16 janvier 1732, *Jean* Olivier marchand, habitant Galgon, fils de feu Michel et de Marie Légnier.

Messire Philippe Trigant seigneur de Brau, fut reçu avocat au Parlement de Bordeaax en 1745, et exerça jusq'en 1786.

Il épousa en premières noces, à Guîtres, le 3 janvier 1749, Marguerite de Gintrac, fille d'Elie Joseph Gintrac, avocat, qui testa en 1772, et de Marie Catherine Dubois. Mademoiselle de Gintrac était petite nièce de M. de Paty (1) gouverneur de Saint-Domingue.

Philippe T., seigneur de Brau, eut de son premier mariage quatre fils et trois filles, savoir :

Oncles et tantes du duc Decazes

1. Ainé Messire Elie-Joseph Trigant de la Tour ;

2. Catherine, Madame Decazes ;

3. Jean Trigant de Beaumard ;

4. Marie Rosalie, madame de Brachet ;

(1) de Paty, en Guyenne, porte : *D'or à un lion de sable et une bande de gueules brochant sur le tout.*

5. Le général comte Elie Joseph Trigant de Beaumont;

6. Messire Auguste Mathurin Trigant de Brau ;

7. Marie, Madame David.

Propriétaire du domaine de Maine-Blanc, à Guitres en 1759, juge de cette commune en 1788.

On lit dans Quérard — *la France littéraire* année 1832 tome IV page 554 — « Philippe Trigant de Brau a publié : *l'Ami des femmes*, in 12 Bordeaux 1771.

De son second mariage avec Marie de Roberjot, fille de Henri de Roberjot, greffier en chef de l'Election de Guienne, demeurant à Bordeaux, 8 rue du Pas St-Georges, bénit à St Genés de Talence le 30 janvier 1772, il eut une fille unique, Marie-Catherine-Elisabeth, madame de Sauvage, puis Madame Séjourné.

Des lettres de Bourgeois de Bordeaux lui furent délivrées le 27 mars 1773. — Franc-Maçon à l'Orient de Bordeaux, garde des sceaux et archives de sa loge.

Il fit en 1786 un voyage à St Domingue où il avait de grands biens.

Envoyé par la ville de Guitres comme député du Tiers Etat à l'assemblée des Trois ordres qui eut lieu à Libourne le 11 mars 1789 pour l'élection des députés aux Etats généraux.

Il mourut à Pomerol (Gironde) en 1793 ou les années suivantes vivait le 26 juin 1793.

Oncles et tantes du duc Decazes
par sa mère — frères et sœurs de sa mère

Oncle du duc Decazes :

I. — **Messire** (1) **Elie Joseph de** (2) **Trigant de la Tour** écuyer, (3) fils aîné de messire Philippe, seigneur de Brau, et de Marguerite de Gintrac, naquit à Libourne le 28 octobre 1752. Il eut pour parrain Elie-Joseph de Gintrac, écuyer (4) son grand-père maternel et pour marraine Marie Anne Coustault sa grand-mère paternelle.

En 1777, il est reçu avocat au Parlement de Bordeaux. Le 5 mai 1778, il entra dans la loge franc-maçonnique de l'Orient de Bordeaux (rite Ecossais).

En 1781 il passa à Saint-Domingue où il était propriétaire.

Le 7 Janvier 1782, il prend par intérim les fonctions de lieutenant de juge au Port-au Prince.

Le 7 juin de la même année, il est nommé procureur du roi par intérim au Port-au-Prince.

Le 1er mars 1784, il devient conseiller du roi, assesseur au conseil supérieur du Port-au-Prince, qui au commencement de 1787, devint le conseil souverain de St Domingue (le conseil supérieur du Cap ayant été réuni à celui du Port-au-Prince).

Un conseiller en cour souveraine était annobli *ipso facto* (il fallait être noble pour juger des nobles).

---

(1) Messire dans son contrat de mariage.
(2) de Trigant dans des certificats de bonne conduite délivrés par les gouverneurs de St-Domingue.
(3) Ecuyer comme ancien assesseur en cour souveraine.
(4) Certains actes tendent à le montrer comme fils de nobles et écuyer lui-même.

Il part pour la France et, le 15 juillet 1784, il épousa en l'Eglise St-Remy de Bordeaux, Anne-Thérèse-Françoise-Marguerite Martin, de la maison Limousine des Martin de Compreignac (1) (contrat passé le 13 juillet 1784 par devant Cheyron, notaire à Bordeaux).

En 1785, nous le retrouvons au Port-au-Prince.

Le 12 mai 1787, Louis XVI le nomme son procureur au Port-au-Prince, fonction qu'il avait déjà remplie par intérim, cette charge lui valait de trente à quarante mille francs l'an.

En 1793 éclata l'insurrection des noirs à St-Domingue, il y perd toute sa fortune évaluée à plus de deux millions de francs et se réfugie aux Etats-Unis d'Amérique où en 1801 il habitait Elisabethtown.

Il mourut en 1802 à St-Domingue victime des noirs.

Il laissait deux fils :

Antoine-Marie-François dit Théodore, baron Trigant de la Tour, et Louis François Trigant de la Tour tous deux cousins germains du duc Decazes.

Antoine Marie-François l'aîné fut le secrétaire particulier du duc Decazes à la police générale, à l'intérieur, et à la Présidence du Conseil.

II. — **Madame Catherine Decazes** mère du duc Elie Decazes pair de France 1er ministre de Louis XVIII.

Oncle du duc Decazes :

III. — **Jean Trigant de Beaumard** né à Guitres le 17 octobre 1756, parrain Denis de Gintrac, grand-oncle ; marraine Anne de Gintrac, tante. En 1792 on le trouve au Port-au-Prince, où il meurt sans doute peu après, peut-être sans postérité.

Il y tenait en 1787 une maison de commerce sous la raison sociale d'Aubaignac et Trigant.

Tante du duc Decazes :

IV. **Marie Rosalie de** (*son acte de mariage*) **Trigant**, naquit à Guitres le 4 janvier 1758, parrain Jean Rideau, bourgeois de Guitres, marraine Marie de Gintrac, sa tante.

Elle fut alliée en l'Eglise Saint-Siméon de Bordeaux, le 12 août 1784, à Léonard de Brachet, écuyer, gentil-homme de Guyenne, fils de Jean-Simon de Brachet, écuyer, receveur des domaines du roi, de Lussac en Puy-Normand, et de Marguerite de Vacher, son épouse.

Le contrat signé par Sermensan fils, Sermansan père, de Roberjot-Voland, Martin.

Elle vivait encore en 1828.

Conseiller du roi au conseil supérieur du Port au Prince.

En 1790 Léonard de Brachet était conseiller du roi assesseur au conseil souverain de St Domingue.

En 1792 il est secrétaire de la compagnie des volontaires de Fort Dauphin St Domingue, il mourut avant 1818.

On leur connaît une fille. ?

Cousine germaine du duc Decazes.

Jeanne Marie Brachet (le de est omis), née dans la paroisse de Lussac le 23 octobre 1784, demeurant en 1818 avec sa mère au village des Eymerits, commune de Saint-Denis de Piles (Gironde).

Elle épousa le 22 avril 1818, Alexandre Philippe Louis de Lautour sous lieutenant dans la légion de l'Allier (gendarmerie), domicilié alors avec sa mère à Paris où il est né le 29 janvier 1788, de André de Lautour décédé avant 1818, en son vivant aide de camp du général de division baron de Traversé et de Marie Marguerite Wolff Muller. (1)

V. — **Joseph** qui aurait été dit **Louis Hélie Joseph** Général Comte de **Trigant** de **Beaumont** né à Guitres le 10 octobre 1759.

Nous devons donner un volume sur lui et sa descendance, c'est dire, qu'il serait trop long de publier ici ce qui le concerne.

Nous dirons simplement qu'il s'engagea, n'ayant pas encore 16 ans, comme volontaire sur le lougre l'Epervier

---

(1) Mairie de St-Denis de Piles — Etat-civil — 22 avril 1818 mariage de M, Alexandre Philippe Louis de Lautour, sous lieutenant dans la légion de l'Allier, domicilié avec sa mère à Paris, ou il est né le 29 Janvier 1788 fils de M. André de Lautour anci;n aide de camp de M. le baron de Traversé lieutenant général des armées du Roi et de dame Marie Marguerite Wollff (sic) Muller d'une part.

Et demoiselle Jeanne Marie Brachet (sic) née dans la paroisse de Lussac le 23 octobre 1784 demeurant avec sa mère au village des Eymerits commune de St Denis dé Piles, fille de feu M. Léonard Brachet (sic) ancien conseiller du roi dans le conseil supérieur du Port-au-Prince et de dame Marie Trigant d'autre part.

le 17 août 1775.

Fit la campagne d'Amérique, officier auxilliaire sur *la Bretagne* le 20 novembre 1778.

Blessé ayant le même grade sur le *(Caton)*, aux îles du Vent (la Dominique) dans l'un des trois combats livrés par l'amiral de Guichen a l'amiral Rodney.

Lieutenant commandant la frégate *l'Unicorne* le 13 septembre 1780.

Il se serait distingué le 6 avril 1782 au combat de Saintes Guadeloupe dans lequel le comte de Grasse fut battu et fait prisonnier, par l'amiral anglais à la tête d'une escadre supérieure en nombre ; il se serait sacrifié pour sauver la retraite des forces françaises et lorsque son vaisseau fut coulé il se serait sauvé à la nage. Etant un nageur extraordinaire, il se serait soutenu sur l'eau plusieurs heures avant d'être recueilli.

En récompense Louis XVI l'aurait créé Comte à brevet.

Le 14 décembre 1782 il est employé au service des ports

Comme tous les officiers de la marine française qui prirent part à la guerre d'Amérique, il reçut en 1783 le brevet de chevalier de l'ordre héréditaire de Cincinnatus.

Quitta la marine pour raison de santé a la date du 21 juin 1788.

Il devint le 19 avril 1788 lieutenant colonel d'infanterie, porte enseigne des gardes Suisses de monsieur

(Comte d'Artois) Louis Francois Xavier de France, le futur Louis XVIII. Chevalier de St Louis le 7 septembre 1788.

Dernier lieutenant colonel porte enseigne des gardes de monsieur et licencié avec ce corps vers le 31 décembre 1788.

A la Révolution on le trouve à Bonzac ou il est dit agriculteur peu après ancien colonel d'infanterie.

Il avait épousé en premières noces Victoire Adélaïde Charlier.

Les enfants issus de ce mariage moururent en bas âge, et quelques uns vécurent aux Etats-Unis.

2° En secondes noces sa cousine germaine Elisabeth Emilie de Leymarie de Bassignac fille de messire Léon de Leymarie de Bassignac écuyer et d'Anne de Gintrac.

Ils eurent : cousins Germains du duc Decazes

Paul Elie Comte de Trigant de Beaumont élève de St Cyr 1821 maire de Bonzac lieutenant enseigne de au garde en 1830.

Le 23 mai 1829 S. M. le roi Charles X signa à son petit lever le contrat de mariage d'Elie Paul vicomte de Trigant de Beaumont avec Louise Zénobie, Roger de Chalabre.

II. — *Eugène Pierre de Trigant de Beaumont* chef de bureau au ministère de l'intérieur.

III. *Elie Loran, baron de Trigant de Beaumont* connu sous le nom de Trigant de l'Arc, officier des houzards.

IV — *Catherine Amélie de Trigant de Beaumont* le 24 mai 1818 S. M. Louis XVIII signa à son petit lever son contrat de mariage avec M. d'Amemme, receveur général de l'Ariège, commmandeur de St Louis.

V. — *Madame d'Walles* puis madame de Sens.

VI. — *Anne,* marquise de Cambry.

VI. — Auguste Mathurin Trigant de Brau, que la famille prétend comte Trigant de Brau, (que nous dirons écuyer comme assesseur en cour souveraine), né à Guitres, en 1761, entra dans les ordres, mais ayant fait un ouvrage académique, *de l'éloge de Montesquieu,* qui lui fit un honneur infini et que l'on regarde comme prodigieux pour son âge, il quitta l'état ecclésiastique pour le barreau.

Dans les notes biographiques manuscrites par de la Boubée, célèbre auteur bordelais (conservées à la bibliothèque de Bordeaux) on lit :

Auguste Trigant de Brau, on a de lui un éloge de Montesquieu (Voyez les feuilles de Labothière libraire) fils d'un avocat de ce nom, juge au Tribunal de Première Instance de Bordeaux, 1811 conseiller à Bordeaux.

Son frère aîné l'ayant appelé à Saint-Domingue, il y ariva le 15 février 1785.

Et à la fin de l'année, il fut nommé conseiller au conseil supérieur du Cap. Moniteur n° 536. Deux ans après (1787), le Conseil du Cap, fut réuni à celui du Port-au-Prince, sous le nom de conseil souverain de Saint-Domingue, il se trouva le doyen de cette assemblée, ou il fut compris comme conseiller assesseur.

Il exerçait encore en octobre 1790.

Vers cette époque il commença à ne plus porter la particule.

26 Juin 1793, mariage à Bordeaux, de Mathurin Trigant Brau, 30 ans, homme de loi, né à Guitres, fils de Philippe et de feu Marguerite Gintrac, avec Madeleine Lamour 19 ans, fille de Pierre négociant et de Renée Mothe Allery.

Témoins : Philippe Trigant père 68 ans, homme de loi, Bernard Lamour, oncle citoyen, Pierre Allery oncle, négociant, Pierre Limouzin, négociant ont aussi signé Trigant Beaumont. Roberjot de Trigant.

Il est nommé en 1805 Juge au tribunal de 1re instance de Bordeaux.

Juge au tribunal de 1re instance de la Gironde à Bordeaux 1809.

Par décret impérial du 12 mai 1811 juge au tribunal de première instance de Bordeaux, ou conseiller à la Cour, puisqu'il avait déjà ce poste en l'année 1809.

Le 24 Janvier 1816 (moniteur du 28 Janvier 1816) Louis XVIII confirme M. Trigant de Brau, dans ses fonctions de conseiller à la cour de Bordeaux.

Il l'était encore en 1836.

On croit qu'il était chevalier de la Légion d'Honneur.

Il habitait, 15, cours de l'Intendance, à Bordeaux, et avait aux portes de la ville, route de Bayonne, à Talence, un domaine magnifique.

Il mourut dans sa maison de Bordeaux le 18 Janvier 1841 ; le décès fut déclaré par M. Eugène Béro, substitut du procureur du roi et M. Elie de Kirwan.

Sa femme est morte après 1852, ils n'avaient pas d'enfants, elle avait fait conformément aux intentions de son mari, un testament en faveur du baron Louis Marie François Théodore Trigant de Latour petit-fils du frère aîné de son mari.

Mais M. Bédouret son notaire, venait tous les jours faire une partie de cartes, avec cette dame seule vieille et malade, elle révoqua son premier testament et institua pour légataire universel (des biens qui venaient de son mari), M. Bédouret, notaire, lequel n'appartenait nullement à la famille. Le testament était tellement bien fait qu'il fut impossible de l'attaquer.

Tante du duc Decazes

VII. — Marie de Trigant (dans son acte de mariage)

Troisième fille de messire Philippe, seigneur de Brau. et de Marguerite de Gintrac, son épouse, naquit à Guîtres le 13 Janvier 1762, s'unit à Bordeaux, paroisse St-Siméon, le 28 septembre 1782 avec Pierre

David, bachelier en droit, avocat, lieutenant général criminel du présidial de Libourne, fils de Raymond David, bourgeois et de Jeanne Rabaud, son épouse, elle vivait encore en 1806.

Parmi les signataires du contrat : Devix, avocat, Sermensan, avocat, de Roberjot.

Pierre David, habitait la commune de St-Denis de Piles en 1800 et 1814.

En 1806 il est dit agriculteur et demeurant à Trincaud commune de Bonzac.

On leur connaît :

Les filles suivantes dont l'acte de naissance n'est pas encore découvert.

Cousines germaines du duc Decazes

A. — Marie David, inhumée le 4 août 1790.

Mairie de St-Denis de Piles, 6 août 1790 — Sépulture de demoiselle Mariel David, fille légitime de M. David, lieutenant général criminel, et de dame Marie Trigant *état-civil*.

B. — Catherine David, mariée le 27 décembre 1806 par contrat passé devant Me Philippe Martin, jeune notaire à Fayet commune de Bonzac (minutes dans les archives de St-Denis des Piles) à Jean Louis Jay, percepteur à vie des contributions de Bonzac, Saint-Denis, et Savignac, habitant au lieu de *la Grave* com mune de Bonzac, natif de Castillon sur Dordogne, fils légitime de Pierre Jean Jay, notaire et de dame Marie Decazes présente et consentante (elle était tante du duc Decazes, sœur de Michel Decazes son père) assisté de M. Michel Decazes aîné jurisconsulte et membre du conseil général, son oncle côté maternel. Demoiselle Catherine David habitait avec ses père et mère à Trincaud, commune de Bonzac, elle est dite fille légitime de Pierre David, agriculteur et de dame Marie Trigant présents et consentants, assisté de dame Catherine Trigant épouse de M. Decazes aîné, sœur de sa mère, marraine de la future épouse.

Les époux signèrent avec Decazes ainé (Michel père du duc) De Cazes cadet (Baptiste) Decazes jeune (Auguste) Cte Trigant de Beaumont oncle, Zélia Princeteau, née Decazes, Théodore Princeteau, Aurore Decazes, Veuve Decazes, Lacaze née Decazes (Marie Catherine, nièce de Michel), Marianne Decazes, Chaperon fᵉ Decazes, (épouse d'Auguste frère de Michel), Brachet, Jay, etc...

C. — Marie David épouse de M. Pierre Romain de Salneuve propriétaire domiciliée à Montcarret arrondissement de Bergerac Dordogne - mairie de St Denis de Piles — 18 septembre 1804, naissance de Catherine Louise de Salneuve, née chez M. David domicilié dans la commune, fille de M. Pierre Romain de Salneuve propriétaire domicilié à Moncaret arrondissement de Bergerac (Dordogne) et de Marie David.

VIII. — Marie Catherine Elisabeth de Trigant,
dans son acte de mariage, fille de messire Philippe seigneur de Brau et de Marie de Roberjot, son épouse, naquit à Pomerol le 29 Juillet 1774.

Elle épousa en l'église St Siméon de Bordeaux, le 3 décembre 1788, messire Marc-Luc-Michel-Pierre-Joseph Bénoni de Sauvage de Marens, écuyer, d'où un seul enfant.

On suppose que cet enfant était un fils. Il eut plusieurs enfants parmi eux Isabelle de Sauvage née en 1828, mariée en 1856.

Joseph de Sauvage qui appartient à la noblesse de l'Agenais, était fils de feu messire Luc de Sauvage de Marens; écuyer, capitaine de la première campagnie des volontaires du quartier rouge de Fort Dauphin (Saint-Domingue) et de Marie-Thérèze Dieudefoy de Ravine aliàs Dieu de Fez de Raviers).

Devenue veuve, Mademoiselle Trigant épousa en secondes noces à Bordeaux le 12 juillet 1813 Pierre Séjourné, ce dernier mourut à Pau en septembre 1832. Elle-même décéda en 1848. Très probablement sans enfants de son second mariage.

Pierre Sejourné était trésorier payeur général des Basses Pyrénées, à Pau, au moment de sa mort.

Il l'était déjà en 1830 (almanach royal 1830 page 233

En 1829 il était receveur général (trésorier payeur général) du Jura (almanach royal 1830).

ASCENDANCE DIRECTE
DE PÈRE A FILS
(sans s'occuper des frères et sœurs de chacun d'eux)

**Jusqu'au plus ancien ancêtre connu
Du Duc Elie Decazes
Côté Paternel**

Nous empruntons à M. Guinodie *(Histoire de Libourne)* tous les détails de ce chapitre nécessaire à cet ouvrage en déclarant que cet auteur n'a qu'un but dans ce qui concerne les Decazes, les flatter, et ne garantissant aucun des détails ici donnés.

Michel Decazes père du duc est comme nous l'avons dit fils de François Decazes et de Marie Catherine Duperieu qui avaient cinq enfants.

Ce dernier était fils aîné de Jean-Joseph Decazes, arrière grand-père du duc, dont la biographie a été donnée (il eut six enfants).

Il était fils de

François de Cazes, trisaïeul du duc, né en 1628 avocat en parlement, fut nommé en mai 1660 procureur au présidial de Libourne.

Un arrêt du Conseil d'Etat en date du 27 mai 1661 le charge de rétablir les récollets dans leurs anciens droits.

Membre du conseil de ville en 1663.

Etait mort le 13 décembre 1679.

Il épousa Jeanne Limousin fille d'Antoine bourgeois de Libourne et de Jeanne Martin (contrat du 1er mai 1656) dont quatre enfants.

Il avait pour père :

Jean de Cazes, quatrième aieul du duc, baptisé le 24 mai 1608, marié le 19 mai 1627 à Françoise Demay, fille de François receveur grénetier du roi à Libourne, et de Jeanne Paty.

A ce contrat assistaient :

Côté de l'époux :

Sa mère née Lasserre Veuve — Peyronne de Cazes tante — Jean de Cazes écuyer sieur de Figeac, chevalier de l'un des ordres du roi, oncle.

Me Pénicaut avocat au parlement de Bordeaux, cousin germain.

Me Reymond Meynard jurat de Libourne. M. Dumeret ancien maire à St-Emilion.

M. Pinaud docteur en médecine, Barthélémy Voisin.

Côté de la mariée :

Son père, sa mère, Elie de Paty avocat, oncle ; Jean de Sauvanelle sieur de la Mothe Chanut jurat de Libourne ; Pierre Bouldet sieur du Fouse ; Françoise de Paty tante veuve de Elie Gontier sieur du Burg ; Me Pierre Couvrat ci-devant grenetier de la ville ; Me Thibaud Dumas ; Jean Pénicaut capitaine de la milice bourgeoise. Contrat de Pasquier à Libourne.

Le 20 janvier 1631 Jean de Cazes reçoit des lettres de bourgeois à Libourne.

Jean de Paty écuyer sieur de Garos parent de sa femme lui contesta ses prétentions à la noblesse et reconnut qu'il avait tort le 5 février 1635.

Jean de Cazes fut jurat de Libourne en 1638.

Maire de cette ville de juillet 1647 à juillet 1649 membre dn conseil de ville en 1663 et années suivantes.

Membre de la députation qni alla le 27 juillet 1650 à Aubeterre déposer l'hommage de la fidélité de la ville de Libourne, à Louis XIV.

7 enfants.

Etait fils de

François de Cazes cinquième aieul du duc, écuyer bcurgeois de Libourne, jurat 1622-23 épousa Jacquette Lasserre le 7 février 1595, mariage bénit le 2o janvier 1598 à l'Eglise St-Jean de Libourne.

Mort en 1626 ; six enfants.

Propriétaire de la maison noble du Cause à St-Christophe, d'autres terres dans la même commune et d'une maison à Libourne.

Etait fils de

Raymond de Cazes-sixième aieul du duc, écuyer sieur de la maison noble de Figeac ; déclare le 12 mars 1566 devant François Ferrand greffier en l'élection de Guienne tenir en fief du roi une maison sise en la. ville de Libourne rue St-Emilion et une autre maison rue Ste Catherine, autre maison rue des Bouchers. Moyennant 3 sous bordelais d'exparle à muance des seigneur et tenancier et pareille somme de rente annuelle et autres droits seigneuriaux.

Homme d'armes de la Cie du sire de Montferrand à Bordeaux 1575.

Grenetier pour le roi à Libourne et jurat 1578-79.

Les protestants auraient mis à sac sa maison de Figeac et l'auraient incendiée en 1586.

En août 1575 Henri IV lui donna des lettres de noblesse pour sa brillante conduite dans les troubles contre les protestants lors du sac par eux des environs de St-Emilion (où était Figeac).

Noblesse héréditaire.

Enregistrement à la cour des Comptes le 18 octobre 1595.

Mort à Figeac le 12 novembre 1595

Marié à Jacquette de Roux Guilhem veuve de Pierre Fauchet se remaria avec Isabeau de Lalanne le 19 août 1588.

Il était fils de Raymond de Cazes sieur de Figeac septième aieul du duc.

Grenetier du roi à Libourne mort en 1560.

Etait fils d'Etienne de Cazes jurat de Libourne de 1503 à 1521.

Fils de Jean de Cazes 1er du nom maire de Libourne. Les Decazes portent d'argent à trois têtes de corbeaux arrachées de sable.

ASCENDANCE DIRECTE

Du duc Elie Decazes
Côté maternel

Catherine Trigant mère du duc Decazes était ainsi que nous l'avons dit fille de Messire Philippe Trigant seigneur de Brau.

Ce dernier était fils aîné de Jean Pierre Trigant arrière grand-père du duc Decazes (dit peut-être Marquet ; si déjà sa famille possédait la propriété de Marquet partie du domaine de la Faniouse située à la Roche Chalais sur la route de St-Aulaye.

Jean Pierre était né à Libourne en 1692, et y fut baptisé le 30 octobre de la même année ; il eut pour marraine Hélène Richon épouse du capitaine Abraham Trigant sieur de la Grange cousin germain du père de l'enfant.

Avocat conseiller du roi, son Procureur au présidial de Bordeaux.

Il mourut à Libourne le 9 février 1765 et fut inhumé aux Cordeliers de cette ville, où sa famille avait sa sépulture.

Il avait contracté alliance à Bordeaux le 3 juillet 1724 avec Marie Anne Coustault, marraine du duc Decazes son arrière petit fils.

Née en 1705 décédée à Libourne le 23 octobre 1782

fille de Philippe Coustault, bourgeois, et ancien lieutenant de maire, et de Ursule Soulignac son épouse d'où
au moins 13 enfants ; 5 fils, l'un est Philippe gd-père
du duc, d'un autre descend la famille Reclus, le sort
des autres est inconnu, et 8 fi'les.

Jean Pierre Trigant était fils de Michel Trigant.

On ignore si ce Michel possédait le domaine de
Marquet qui fut à ses descendants.

Le 9 octobre 1694 le sieur Landonnier étant mort
Michel Trigant maistre écrivain et arimaticien de Libourne est admis à lui succéder aux mêmes gages
dans la place de régent à Bourg (revue catholique de
Bordeaux année 1869, page 717.

Michel Trigant fut donc maître écrivain et arima-
titien (écrivain public) à Libourne (ces charges s'ache-
taient croyons-nous comme celles des notaire aujour-
d'hui).

L'écrivain public était celui qui dans une boutique
ou échoppe spéciale faisait moyennant rétribution
toute lettre, acte ou autre chose, qu'une personne
quelconque voulait faire écrire, ne sachant pas écrire
elle-même le plus souvent, ou ne voulant pas s'en
donner la peine, il y en avait dans toutes les villes
de France et quelquefois plusieurs dans chaque ville.

Le 9 octobre 1694 Michel est admis à succéder comme régent (instruction publique) à Bourg sur Gironde au sieur Landonnier son prédécesseur décédé.

Le 27 juin 1696 Onézime Trigant son père étant

mort à Libourne, son fils (son fils aîné dit Souffrain Histoire de Libourne) François Trigant sieur du Petit Fort lui succéda comme procureur du roi et syndic des habitants de Libourne, et Michel Trigant (second fils dit Souffrain) succéda à son frère comme conseiller du roi secrétaire greffier de Libourne.

Un acte dit : conseiller secrétaire du Roi en l'hôtel de ville de Libourne.

Il conserva cette charge qui s'achetait et était héréditaire jusqu'en 1718.

Il était membre du conseil de la famille des enfants mineurs de Pierre Berthoumé sieur de Bellefont son proche parent.

Le 29 novembre 1678, Onézime Trigant licencié en droit demeurant à Batier porte plainte contre son fils aîné *Michel !* qui a abusé de sa longanimité et lui a escroqué de l'argent (archives départementales de la Dordogne justice seigneuriale de la Roche Chalais.

On ne paraît pas s'appliquer au Michel dont nous nous occupons qui paraît être l'un des fils cadets d'Onézime non seulement d'après Souffrain mais encore d'après d'autres nombreux indices.

Dans ce cas Onézime aurait eu deux fils du nom de Michel.

Michel Trigant était fils

de Monsieur Maitre Onézime Trigant dit Batier (sieur de Batier seigneur de la Tour d'après les membres de la famille Trigant).

Né sur la terre de Batier appartenant à sa famille situé à la Roche Chalais (Dordogne) et sur laquelle la maison n'existe plus en 1624 ; il y habite jusqu'en 1690. Il aurait été fils de Pierre Trigant (sieur de la Grange sans doute et sénéchal de Pommiers etc etc... Monsieur maître Onézime Trigant de Batier fut licencié en droit notaire royal à la Roche-Chalais depuis vers 1640 jusqu'à 1654.

En 1662 Onézime donna a ferme trois journaux de terre au village de Geneste paroisse de St Christophe de Double au lieu appelé La Mothe de Geneste confrontant au tainement du Petit-Fort, Dumas notaire à la Roche-Chalais archives départementales de la Dordogne.

En 1664 Onézime afferma la terre du Petit-Fort. Minute d'Ardouin notaire à la Roche-Chalais (archives départementales de la Dordogne).

Saichent tous présents et advenir qu'aujourd'hui second de féburier mil six cent soixante quatre par devant moi notaire.... ont été présents maître Onézime Trigant licencié ez droits habitant du lieu de Bastié en Périgord lequel..... a donné..... a moitié de fonds de fruits à Jacques Delapluie tailleur d'habits à St-Christophe..... les biens appartenant au dit Trigant situés au village de Genestre au lieu appelé au Petit-Fort dans le village de Geneste.

Fermier féodal des terres seigneuries de Coutras et

palus de Raby.

Le 8 août 1669 il est en difficulté au sujet de cette ferme avec Jacques Morin avocat au Parlement.

En 1670, Henri de Lanes, seigneur de Pommier, reprend ce fief à Onézime qui l'avait affermé (1)

Le 23 Juillet 1673 achat par Jean Trigant et son frère Onézime (le licencié d'après la comparaison des signatures) marchands, du papier (d'emballage) du moulin de Porcheret. Onézime achetait aussi ou faisait fabriquer une grande quantité de barriques ; il devait donc recolter beaucoup de raisin et faire le commerce du vin en gros.

1676 : Onézime Trigant licencié en droit maître de la poste Royale à Libourne.

En 1684, Onézime eut un procès avec Antoine Déroulède, sieur de Favard, pour les intérêts d'un billet de change consenti par ce dernier, et montant a 793 livres 5 sols. M. Déroulède perdit ce procès au présidial d'Angoulème le 5 février 1684 et dut payer à Onézime la somme réclamée par lui. Papiers de M. Edgard Trigant Geneste secrétaire général de la Préfecture de la Vienne.

Onézime prêta 810 livres avec hypothèque sur le moulin de Curat à François d'Angoulême, écuyer, sieur de Saint-Germain, et à son père Charles d'An-

---

(1) Le prénom d'Onézime vient aux Trigant de ces mêmes de Lanes, leurs parrains, dans la religion réformée. Pommier est à Parcoul. à 4 kilomètres au nord de la Roche-Chalais.

goulême, écuyer seigneur de Curat. En Janvier 1676 Catherine de la Meusnière veuve du sieur de Curat, ratifie l'obligation le 14 juin 1686, Françoise Amelote ayant charge de Messire Amelote, prêtre, écuyer docteur en théologie, seigneur de la viguerie féodale, du Comté de Saintonge, reconnaît avoir reçu d'Onézime Trigant 16 livres pour les droits de viguerie et du trompette qui fit les criées des biens de la demoiselle de la Meusnière, dame de Curat, à la porte de l''église de Curat ; saisis à la requête d'Onézime Trigant.

Vers cette époque Guy Trigant-Lavau est arrêté pour crime de lèse-majesté (outrages au roi par paroles ou par écrit croyons-nous) Onézime Trigant dit Batié est complice.

Le 11 octobre 1687 par arrét du Parlement Onézime Trigant dit Batié est mis hors de cause (le même arrêt condamne a mort Guy Trigant-Lavau son proche parent arrêt exécutoire le jour même, il le fut en effet le 11 octobre 1687 Guy fut étranglé et pendu 11 octobre 1687 en la place accoutumée à Bordeaux après avoir déclaré en chenise, que méchantement et diaboliquement il avait prononcé contre la personne sacrée du Roi des paroles horribles et exécrables et en avoir demandé pardon à Dieu au Roi et à la justice.

Ensuite son corps fut exposé sur une roue faite exprès à la porte de la Gironde, et dut y rester jusqu'à ce que le temps et les corbeaux l'eussent consumé.

En 1690, Onézime passe à Libourne où il fait l'acquisition de la charge de conseiller du roi, son procureur, et syndic de la villle de Libourne. Il est installé en cette qualité, le 16 octobre 1690, par Jacques Dumas, lieutenant général de la sénéchaussée.

Onézime est mort à Libourne 27 juin 1696 ; fut inhumé aux Cordeliers de cette ville, laissa des mémoires qui servirent à Souffrain pour écrire l'histoire de Libourne.

Quatrième aïeul du duc Decazes.

La tradition d'origine
des
Trigant

Une tradition de famille dit les Trigant d'origine anglaise et descendant d'un fils naturel d'Henri III roi d'Angleterre et d'une grande dame Irlandaise lady Tirgant ou de Tryglord

Famille dont les armes étaient un écu d'or ou d'argent trois gants de sable ; cet écu à trois gants serait celui de la famille à son origine d'après une tradition et sous Louis XVI un Trigant garde du corps porta ces armes.

La tradition continue en disant que Elie Trigant écuyer du Prince noir se serait distingué à Crécy sous les yeux de ce prince, et que celui-ci en récompense lui aurait donné des terres en Libournais.

Or tout ce qui est prouvé à ce jour de la filiation de la famille l'a fait sortir de la Roche-Chalais au XVIe siècle ; il y a affirmation de bien des chercheurs du Libournais qu'aucune preuve n'existe qu'il y ait eu à Libourne le Trigant que cite Souffrain (Essais sur Libourne) ou d'autres, et que la famille est donc seulement celle qui apparaît à la Roche-Chalais après 1500.

Il y a une preuve indéniable en faveur des traditions d'origine elle est loin d'être décisive il est vrai.

Les armes sont anglaises (l'origine donnée de la tradition) : elles sont guerrières (et Elie Trigant se serait distingué sous les yeux du Prince noir).

Ce serait donc lui qui aurait reçu ces armes.

Enfin ces armes sont celles de Richard cœur de Lion le fils d'Henri III Plantagenet.

Souffrain est inexact bien souvent mais il n'a pas inventé la tradition, tous les indices prouvent, et il est hors de doute, qu'elle existait avant lui.

Il est prouvé que les armes à deux lions étaient dans la famille en 1697.

L'arrivée de Henri III en France est de 1242 à ce moment s'il avait un fils naturel celui ci devait être fort jeune ; or des chercheurs ont dit trouver vers cette époque ou peu après les Trigant en Guyenne, seigneurs de fiefs peu importants sous le nom de Turgan et de Tiragan etc.

Quoiqu'il en soit cette famille ne remonte sa filiation d'une façon certaine jusqu'ici qu'à Onézime Trigant sieur de Batier et autres terres né en 1624 originaire de la Roche-Chalais probablement fils de Pierre Trigant lequel avait beaucoup de terres et fut sénéchal de Pommiers.

Ce qui est certain c'est qu'on la trouve à la Roche-Chalais après 1500.

Qu'avant 1700 on lui voit ses armes actuelles. qu'elles ont un caractère nettement anglais et guerrier ce qui ne prouve rien, car ce pourrait être par fantaisie, mais la fantaisie devient improbable lorsqu'il y a justement une tradition dont leur caractère ne se trouve être que la confirmation.

Il n'y a aucune preuve de l'origine, ni du fils d'Henri III, il ne paraît pas y en avoir non plus pour l'affirmation formelle concernant l'écuyer du Prince noir auteur d'une action d'éclat à Crécy en 1346 sous les yeux du Prince recompensé par lui.

Quant au supérieur des cordeliers de Libourne Edvard Tirgant alias Trigant cité par Souffrain deux autres cordeliers de ce nom cités par lui ainsi qu'un Jehan Trigant maire de Libourne pour le roi d'Angleterre en 1370, on finira probablement par découvrir les preuves de leur existance.

Souffrain parle d'un Geneste abbé de Faise, ce Geneste n'était pas de la famille de Trigant.

Il cite en 1473 un Ernest Trigant maire de Libourne qui n'a peut être pas existé.

Enfin il mentionne à tort l'écuyer du Prince noir Elie Trigant dans un extrait de pièce tentant ainsi de prouver son existance, or dans ce document cet Anglais n'est pas nommé.

UN PROJET DE MARIAGE

DU PÈRE DU DUC DECAZES

Appréciation sur lui lorsqu'il était jeune homme

Sa Fortune à cette époque

Monsieur le docteur Vigen, érudit archéologue, maire de Lagarde près Montlieu, nous communique la lettre que nous donnons ci-dessous, qui est extrêmement curieuse, et de primordiale importance pour l'élaboration d'un jugement sur Michel Decazes.

Elle montre, en effet, celui-ci jeune homme, alors que l'on paraît encore n'en dire que du bien, soit parce que débutant dans la vie, la calomnie ne l'a point encore atteint, si il a été calomnié soit; que l'opinion n'a pas encore eu le temps de se faire à son égard.

Cette lettre est encore importante en ceci qu'elle montre la fortune qu'il avait étant jeune homme, en 1773, il avait alors six mille francs de rente et était déjà le plus important et le plus remunéré des procureurs de Libourne, et il n'avait que vingt-cinq ans ! Il cherchait alors à se marier, mais ce n'est que sept ans plus tard à trente deux ans qu'il le fera.

On peut donc croire que celle qu'il épousa alors, Catherine Trigant, était un parti avantageux ou qu'il l'aimait, le temps qu'il mit à trouver son mariage ne peut s'expliquer qu'ainsi, d'ailleurs il n'y avait entre lui et sa femme que quatre ans environ de différence, lors de leur mariage elle avait 28 ans.

On vient de le voir, Michel Decazes fut procureur postulant avant d'être lieutenant particulier au présidial.

Celle qu'il est question de marier avec M. Michel Decazes dans la lettre ci-dessous, est, Jeanne Marguerite Marchand une arrière grand-tante du possesseur actuel de la lettre, le docteur Vigen, à l'arrière grand-père maternel duquel elle était adressée, c'est ce destinataire qui la rapporta de garnison de Nimes.

A cette époque le peu d'éloignement des membres de chaque famille rendait le plus souvent les lettres inutiles, aussi les correspondances anciennes sont-elles rares.

Cette Jeanne Marguerite Marchand qui devait épouser Michel Decazes était née en 1749 et mourut en 1815, sœur ainée du destinataire de la lettre, elle épousa en 1778, Nicolas Saulnier de la Chaumardie (originaire de Périgueux) capitaine au régiment des colonies, puis commandant de gendarmerie sous la République, était né en 1745 mourut en 1826. Ils eurent dix enfants.

Voici cette lettre :

Lettre de M. François Riquet Jeune

Greffier de Montlieu (1)

(Propriété de M. le docteur Vigen)

à son cousin,

M. Pierre Paul Marchand

(Alors au régiment de Bourbonnais à Nimes, né en 1748 mort en 1830. Entra au service aux gendarmes écossais puis passa au régiment de Bourbonnais, revenu en son pays natal de Montlieu, il y épousa en 1787 Marie Anne Jeanne Vigen.

« Je ne sais si votre sœur vous annonce qu'elle est
« je crois sur le point de se marier. Il y a deux jeu-
« nes gens qui la voient dans ce dessin. Vous en
« connaissez un qui est M. Marchais-Basseville, (2) de
« la Rochefoucauld ; l'autre est un nommé M. Deca-
« zes, procureur à Libourne.

« Ils sont tous deux fort aimables, mais d'un ca-
« ractère bien différent : Car M. Marchais comme
« vous le savez est fort sérieux, et M. Decazes fort
« gai. Uue autre différence : M. Marchais est d'une
« jolie figure, et M. Decazes assez laid. Tant qu'à la

---

(1) François Riquet jeune greffier de Montlieu — demeurant à Lhoumade 1773.

(2) Jean Marchais Basseville 1746-1814, avocat, procureur général du duché de la Rochefoucauld, député du Tiers-Etat à la Constituante puis juge de paix de la Rochefoucauld.

Sa famille était originaire de Montlieu, il épousa en 1787 Jeanne Vigen sœur de Madame Marchand.

« fortune, l'un a presque autant de rente que l'autre
« de capital. Car M. Decazes jouit y compris le reve-
« nu de sa plume de 4 à 5ooo livres de rente ; il est
« un des mieux iogés de Libourne ; il est jeune, car
« il n'a que 26 ans, et le procureur le plus occupé de
« Libourne. N'oubliez pas de me dire votre façon de
« penser......

Lhoumade, 22 mars 1773

LA NOBLESSE DES DECAZES

Leur ancienneté

Il existe deux factums imprimés extrêmement curieux, relatifs à un procès fait par la ville de Libourne, aux Decazes, devant la Cour des aides en mil sept cent soixante, à l'effet de les faire déclarer : *Vilains et Roturiers et comme tels de les contraindre à payer leur part des charges municipales. — La ville obtint gain de cause.*

Guinodie (histoire de Libourne) mentionne l'annoblissement d'un Decazes, par Henri **IV**, et il ajoute annobli et sa postérité, il paraît que les Decazes descendent bien de ce noble, puisque cela fut reconnu par Louis **XVIII** lorsqu'il titra le duc Decazes.

La noblesse était-elle personnelle, si elle annoblissait bien comme il y paraît, le Decazes et sa descendance, cette postérité exerça des fonctions et des charges incompatibles avec la noblesse.

Néanmoins, le seul fait que la ville de Libourne ait eu a leurs faire un procès pour obtenir qu'ils soient déclarés roturiers, prouve une longue jouissance des privilèges nobiliaires.

Ces privilèges étaient-ils une usurpation des Decazes ou découlaient-ils des lettres d'annoblisement octroyées par Henri IV.

Or si c'était la noblesse héréditaire, et non des lettres d'annoblissement personnelles, il est étonnant que la ville de Libourne ait gagné le procès de 1760 et qu'une falsification des actes de l'état-civil de Libourne, St-Martin de Mayent etc., ait eu lieu pour faire croire à une origine noble, ou à la descendance de celui qui fut annobli par Henri IV.

Quoiqu'il en soit.

La famille Decazes est en tous cas fort ancienne, on trouve avant 1350, des Decazes.

La filiation donnée par Guinodie (Histoire de Libourne) remonte à 1459, mais comme nous l'avons dit, elle est à vérifier.

L'annoblissement qu'il rapporte par Henri IV est de 1596.

Un des plus doctes et des plus consciencieux chercheurs de la Gironde, M. Ulysse Bigot, possède quelques pièces sur les Decazes, au milieu d'une importante collection de papiers.

Ces archives viennent d'un vieux collectionneur M. Adrien Fortin, gérant et fondateur du Progrès des Commerces.

Elles renferment notamment les mémoires de Raymond Trigant de Fonneuve, sur l'exercice de sa charge de procureur du roi à vie de Libourne.

Lors de la mort d'Adrien Fortin sa collection de documents fut mise en vente et achetée presque entièrement par M. Duthu libraire de Bordeaux qui désirait en retirer les documents concernant les ducs de Richelieu et leur seigneurie de Fronsac.

M. Duthu trouvant dans les cartons un grand nombre de documents concernant les Decazes (des lettres assez curieuses paraît-il des 18 et 19e siècles) en fit faire un lot qu'il offrit au duc Elie Decazes pour 1000 fr. celui-ci, après examen des papiers, accepta et plaça le tout dans les très riches archives du château de la Grave.

FIN

ERREURS D'IMPRESSION

Page 25 renvoi 2 ligne 4, lire a 9 *de* Maransin au lieu de *du* ; même renvoi ligne 5 supprimer *la Roche-Chalais*.

Page 74 dernière ligne, lire St Denis de *Piles* au lieu de *Pilles*.

OUVRAGES DU MÊME AUTEUR

En vente chez l'auteur

a **Lauzerte**, *(Tarn-et-Garonne). Adresse suffisante.*

LIVRES

Les Trigant, 1896, in-8°, 172 pages d'impression en petit texte. . . . . **5 francs**

Le Baron Jappemord, comédie, 72 pages de texte, in 8°, 1899, Fayard frères, éditeurs . . . **1 fr. 75**

En cours de publication :

L'Encyclopédie Universelle, illustrée de biographie et d'histoire (généalogie héraldique, géographie et Dictionnaire des terres et des familles) in-4°, papier luxueux, chaque gravure sur page non imprimée, au dos laissé aussi en blanc, texte sur 3 colonnes, tome 1 en cours, le fascicule 4 est à l'impression . . **100 fr.**

Revues et Journaux parus.

Le Recueil historique et littéraire, collection complète, 4 numéros, in-8° en tout 80 pages, 1898 . **3 fr.**

Le Journal littéraire de Paris, collection complète, 2 numéros in-4° en tout 16 pages, 1898 . **1 fr**

La Chronique Héraldique et Mondaine, 1896, 3 numéros in-8° d'ensemble 60 pages, et 4 numéros in-4°, d'ensemble 32 pages. . . . . **6 fr.**

En cours de publication :

Le Recueil d'actes notariés d'état civil et pièces

authentiques sur les familles et tous manuscrits iné-
d'auteurs morts. In 8° 36 pages de texte au moins
par numéro, 1er numéro paru en 1900, le numéro VI
à l'impression. — Les 5 numéros parus d'ensemble
184 pages prix **6 fr. 75**, avec le N° VI à paraître **8 fr.**
(Il a paru en outre sous le nom de *Recueil d'actes* 2me
série dans le *Mercure* 40 pages d'acte (et 8 pages d'une
notice), la collection de ces pages **1 fr. 50**